AF607301
AVERSO

MIXTURA

Antología personal

Marina Tapia

Número 50 de la Colección **AVERSO POESÍA**

Mixtura

Edición al cuidado de Averso Poesía
www.aversopoesia.com

hola@aversopoesia.com

Primera edición: junio de 2025
ISBN: 979-13-990436-4-8
Depósito Legal: GR 829-2025

Impreso en España - *Printed in Spain*

El papel utilizado para la impresión de este libro está calificado como papel ecológico y procede de bosques gestionados de manera sostenible.

MIXTURA

Antología personal

Marina Tapia

PRÓLOGO

MIXTURA
Una breve aproximación a la palabra de fuego

Llega un momento en la trayectoria de una o un poeta en que se decide a mirar atrás, a reflexionar sobre el camino recorrido. La trayectoria y evolución estética es crucial para el esteta a la hora de entender y saber qué sentido pueda tener eso de crear. Posiblemente pensará en cómo ha llegado hasta donde está, las circunstancias que rodearon la creación y la publicación de sus diferentes libros, las dificultades que halló, las palabras de aliento, las decepciones, las luces y las sombras. Es más que probable que recuerde las emociones que la acompañaron al recibir los ejemplares de tal o cual poemario, la disposición en el papel, recordará algún verso, algún poema...

No debemos olvidar que la poesía es memoria, y lo es muy especialmente para la autora, que ha levantado un mundo simbólico autónomo y personal, aunque distinta a ella e independiente, una realidad a la vez familiar y extraña, allí donde encuentra una y otra vez su rostro, aunque distinto, y le parece oír su propia voz, pero transformada en un viento que agita los cedros del sentido, tan nuestro y a la vez tan extraño. En este punto es donde aparece este libro, *Mixtura*, una antología muy personal y meditada de la propia

Marina Tapia, bajo el auspicio de una mirada retrospectiva, ya serena, dueña de su oficio, consciente de la inmensa labor estética que conlleva sostener una carrera poética ascendente, sin renunciar por ello, por el descuido de las prisas o la fascinación de la gloria, a la verdad de la palabra y a la fidelidad a esa palabra entregada.

Sin embargo, y antes de entrar en materia, es necesario resaltar que más allá de los hechos tangibles que suponen las publicaciones, toda autora, o autor, tiene un periodo intrahistórico de formación, de preparación del espíritu y balbucientes tanteos. Así, a los 8 años ya comenzó a escribir poesía. A los 10 forma parte del grupo de teatro TALIA de la Universidad de Tarapacá. A los 12, obtuvo su primer premio literario apareciendo en el periódico de Valparaíso; adapta diversos cuentos de Oscar Wilde a guiones de teatro que son representados en su colegio en varias ocasiones. Desde los 11 años fue alumna de Plástica infantil de la Escuela de Bellas Artes de Valparaíso y ganó numerosos premios tanto de pintura (local, nacional e internacional —medalla en Shankar, la India—) como de declamación y poesía. Desde los 15 años comenzó a participar en talleres literarios, entre ellos Los Sinfama. En 1992 y en 1995 ganó los Juegos Florales de la Sociedad de Escritores de Valparaíso. Más tarde, instalada definitivamente en Madrid, en 2000, participó y luego coordinó el espacio Compartir Poesía de la Fundación Entredós, publicando en revistas como *Duoda, Asparkía, Crítica* o *Luces y sombras* y en el libro colectivo *De raíz. Creaciones de mujeres del mundo* (editorial Horas y Horas). También realizó recitales en la Red de Arte Joven de la Comunidad de Madrid en diversas bibliotecas y centros culturales. En 2007 obtiene el "Voces Nuevas" (editorial Torremozas). Se hizo miembro del taller de poesía de Enrique Gracia Trinidad y participó en las jornadas poéticas realizadas en el Escorial (con la poeta Ana Rossetti) y en múltiples exposiciones de pintura individuales y colectivas.

Como puede observarse, la necesidad creativa, la expresión artística y la inquietud comunicativa le vienen a la poeta de muy lejos, haciendo de ella una artista plural, poliédrica, multidisciplinar; es un hecho muy notable y absolutamente significativo para entender la envergadura de su obra su asunción del arte como postura vital, como modo de existir.

Los textos que recoge este volumen se inician en el año 2013, año vinculado al inicio de la publicación regular tanto de libros como de textos en revistas, hasta el año 2024, en que se alza con el premio de poesía "Ángel Martínez" en Lodosa, Navarra, con su último publicado hasta la fecha, *Piedra que mengua*. Este arco temporal no debe llevar al error de hacer coincidir publicación y trayectoria poética; la poesía, sin duda, ya estaba presente en la vida de la autora antes de comenzar a dar a la imprenta textos conformados. Vida literaria y vida poética no siempre coinciden y se tiende fácilmente a confundir el silencio de la escritura con el de los focos, caso que no es el de nuestra autora. Sin embrago, no debemos perder de vista que una antología es sesgo de un conjunto mayor, una selección de textos de diferentes corpus para integrarlos en nuevo ecosistema textual, con diferentes parámetros estéticos y una finalidad distinta a la de un poemario que, como ocurre en el caso de los publicados por Tapia, van más allá de ser una mera recopilación de textos más o menos identificados entre sí para constituir un sistema u organismo cerrado, dotado de sentido y con una cohesión que trasciende, como se verá más adelante, lo meramente acumulativo. Tal es el caso, a mi parecer, también de este volumen que nos ocupa.

Al contrario de lo que pueda pensarse, es la incertidumbre el horizonte perpetuo del poeta, aun respaldado por un prolongado y fructífero recorrido, como los diez títulos que corroboran el de nuestra autora, y en el que puede observarse un decidido esfuerzo de búsqueda y transformación de y en la palabra poética. Es precisamente ese peso de lo incierto lo que empuja a la poeta a esa constante búsqueda, a esa densidad de títulos aparecidos en un margen relativamente escaso de tiempo. Todos ellos están recorridos por las líneas maestras de la trama de sus versos, como vigas maestras del edificio de su universo poético: el amor y el erotismo, la identidad y la identidad femenina, la escritura y el silencio, la naturaleza y la errancia geográfica y vital. Todos ellos son en realidad caras de un mismo prisma.

De este modo, el primer libro, que aparece en el año 2013, es *50 mujeres desnudas*, un largo poemario reflexivo, lleno de voces de diferentes mujeres que reivindican su nombre y su oficio, su lugar legítimo en el mundo. Del coherente conjunto, hay una amplia y justificada selección de poemas en los que ya se codifican las señas de identidad de la autora como creadora y como mujer; así, en el poema «Domadora» se expresa la condición de lo femenino en el instinto animal enjaulado, tanto que llega a amarse, o en «Musa», se cuestiona la construcción de la sensibilidad artística desde una perspectiva unívocamente masculina. Será por ello que la «Cantaora» alza su *quejío* de rebeldía y de denuncia y en «Paloma» se hace un llamamiento a la rebelión contra los jueces y carceleros que todos llevamos dentro, semejante a «La paloma» que quisiera alzar el vuelo hasta desaparecer. Sin embargo, es en los textos «Artista» y «Poeta» donde encontramos el cuestionamiento de la propia voz, tal vez señuelo o trampa, y se interroga al propio lector sobre su cobardía ante una libertad representada como fiera que ansía ser, como la propia palabra, libre:

> «Y soy como animal
> que tarda en digerir el mundo».

Desobediencia, grito de libertad, llamamiento a la conciencia también prisionera del lector, que deberá, sin embargo, como afirma la propia poeta, leerla sin piedad, enajenación en las formas, reivindicación bajo múltiples formas de todo un imaginario femenino, son los temas que dotan a este poemario junto con un lenguaje poderoso de ritmos e imágenes de una enorme hondura.

En ese mismo año 2013, se publica también, aunque esta vez en la cuidada edición de la editorial granadina Nazarí, su siguiente poemario, *El relámpago en la habitación*, con una divergencia estilística y expresiva muy llamativa, acorde a la variación temática, con la introducción de nuevos temas, acordes y no excluyentes con los del anterior poemario, siendo de alguna forma sus complementarios. Ambas obras parecen ser dos mitades de un universo ya esbozado, en espera de la variación para su progresión; en ellos, ciertamente, ya está contenida la simiente de los libros que parecieran ya ser anunciados y, por tanto, necesarios.

De este modo, este relámpago que irrumpe es la fuerza del deseo que se anuncia, casi al modo bíblico, como en el texto «Anunciación II»:

> «Yo soy como el metal:
> taciturna, maleable
> a la voz del martillo, del fuego».

Y lejos de una visión tradicional, la poeta dota al cuerpo de la plasticidad del deseo y de la contorsión del amor y el placer pánico que trastoca carne en goce y gemido. La presencia del erotismo en toda la obra de Tapia, es necesario mencionarlo, es fundamental. Tanto es así que entre sus líneas llega a afirmarse, con esa rotundidad que lo eleva a la categoría de profecía, de que «*la lujuria / es santa*».

En este sentido, es significativo el texto «Vínculo», en el que aparece la figura mítica de Lilith en un texto en prosa en el que se inventa el compás del deseo, al modo del bolero de Ravel, ejercicio desde un premeditado coloquialismo que hace más material y palpable el lenguaje del deseo que inicia e inventa el ciclo del gozo carnal, esa transparente región para la migración de los cuerpos y la mutación de unos en otros hasta la confusión, incluso del propio lenguaje:

> «Y sólo así,
> desnudos de palabras,
> se inicia aquel oficio de nombrarnos».

Amor y erotismo son en la poeta una misma cosa, una fuerza de la naturaleza inexcusable que, como veremos, proviene de una sujeción a la tierra, a lo telúrico como ánima del mundo.

Del año 2016 es la siguiente publicación, *Marjales de interior*, obra con la que Tapia obtuvo el *XVII Premio de Poesía Paco Mollá*, de Preter, Alicante, y no es el único reconocimiento que jalona su trayectoria. Los textos seleccionados para este volumen evidencian algo que ya estaba presente en el libro anterior, la presencia del paisaje, aquello que es ajeno y en donde, sin embargo, ha de hallarse la propia voz en el murmullo de lo abierto y unánime del mundo.

Para Tapia, poeta chilena afincada en Granada, el paisaje es más que un mero decorado para convertirse en ser animado que actúa poderosamente sobre quien lo contempla; más allá de ser un mero ambiente, los lugares vividos (el Carmen de los Mártires, los bosques de la Alhambra, el paisaje roto accitano...) acogen el desasosiego de un ser errante entre dos mundos, donde cada texto parece recrear una estampa o fotografía más de una emoción que de un lugar. Probablemente, aceptando como una fuerza primaria la pertenencia a un pedazo de tierra, expresión además de lo telúrico femenino, la poeta afirma:

> «por eso vine aquí
> para descomponerme
> poco a poco
> para volver
> a mí».

De este modo, la errancia se convierte en un modo de ver la realidad, en continua transformación y movimiento, un ciclo del que se hace partícipe Tapia, donde belleza y fuga se asumen, cuando afirma:

> «imito aquel asombro de los pasos».

El deleite, libro que en el año 2019 obtuvo el premio de poesía Joaquín Lobato que convoca el Ayuntamiento de Vélez-Málaga, parte de una nueva perspectiva del paisaje: la del lugar compartido en el amor.

Como dijimos con anterioridad, la celebración del amor y del deseo es un elemento axial y sustentador no solo de este libro, sino de todo el edificio poético aquí representado en este volumen. Destaca en este sentido la consciente huida de cualquier cortapisa o tapujo en la expresión directa de lo erótico, dotando al discurso de una gran fuerza discursiva y donde, como se ve a las claras en el poema «El oído», la confusión sinestésica refuerza la pasión de los amantes y sus caricias en un juego de presencia-ausencia del ser amado que incrementa la intensidad del deseo. A modo de epitalamio, «Defensa de la espera» es un texto significativo a este respecto:

> «Sin miedo he de esperarte, amor de luz,
> aunque un mundo de dudas me siga».

Los límites de los cuerpos parecen diluirse, a la manera aleixandriana, haciendo crecer su envergadura hasta cotas aurorales en el firmamento, aunque, como se dice *«empieza en lo pequeño mi batalla»*.

Justamente después en el libro, encontramos la selección de textos de su libro *Jardín Imposible*, que fue también una obra galardonada, concretamente con el premio de poesía Luis Carrillo Sotomayor del Ayuntamiento de Baena en el año 2020. Aparte de la regularidad en las entregas poéticas, en estos textos puede observarse, nuevamente, una continuidad con respecto a sus obras anteriores, especialmente en la pulsión vital del paisaje y en la presencia de una naturaleza que estremece, aunque aquí algo más serena, en torno al simbólico jardín que alude a muchos jardines vividos y leídos. El tropo del jardín alude a esa fascinación por lo delicado y bello, al retorno a lo natural en oposición a lo artificial pero en un marco cultivado, humanizado, dotado de sentido, y aun remitificado en el texto del jardín de las Hespérides.

Árboles, bosques y jardines son recurrencias simbólicas en todas las obras de Tapia de una libertad originaria que, además, es asociada a figuras de creadores, que son paradigma de la comunión con esa naturaleza como ámbito sagrado en el que acontece la contienda de la vida con la muerte, tales como Emily Dickinson, cuyo influjo es creciente en la poética de nuestra autora, o, por supuesto, Federico García Lorca, evocado como una presencia en medio de la naturaleza de Aynadamar, en la sierra de la Alfaguara, y la Fuente de las Lágrimas, posibles escenarios de su trágico fin, evocado y vivenciado en estos versos:

«Voy a seguir cantando,
es mi única verdad,
me lo dice aquel olivo
que ha esparcido mi voz en su copa».

La soledad en el jardín clama por la de estos autores, solitarios en su obra, perdidos en la vida en pos de la belleza de las palabras, predestinados al sufrimiento de estar solos bajo el signo de la tragedia. Y ese destino, el de la comprensión por parte de Tapia de su propio destino como creadora, es toda una declaración y toda una poética contenida en estos versos.

Poco tiempo después, en el año 2022, vieron a la luz varias obras: *Bosque y silencio*, *Un kilim de palabras*, *Islario* y *Corteza*, lo que supone un logro extraordinario, una verdadera proliferación y explosión creativas que demuestran a las claras la necesidad estética y expresiva de la autora.

En el primero de ellos, libro también galardonado en un certamen poético, el Premio Águila de Poesía de Aguilar de Campoo, atesora un verso que muy bien podría ser el lema de toda esta obra:

«Vuelvo a la tierra siempre para oírme».

De los largos paseos por los empinados pinares de su lugar de residencia, La Zubia, la búsqueda del silencio, la ansiada aspiración de todo poeta en definitiva, cifra la lucha de la autora por la conquista de la propia voz, que tan solo puede hallarse en mitad del silencio. El mutismo no es la incapacidad del poeta, sino la asunción de que su vocación es llegar a escuchar la voz de la tierra en el reencuentro con el propio ser en soledad. El segundo poemario de este año incide en la reflexión sobre los límites de lo decible, sobre el acto creador de la palabra como inauguración de un mundo posible y renovado, además de la exigencia que ello entraña, un esfuerzo con el coste necesario. La lengua, la materna, es pensada como horizonte y como prisión, como corazón y coraza frente y en la realidad. Para ello, se instituyen las filiaciones poéticas en torno a destacadas figuras de la poesía con mayúsculas creada por mujeres, a modo de Ariadnas que guían el quehacer artístico, tales como Ajmátova o Martín Vivaldi.

En el título del siguiente poemario, *Islario*, parecen resonar inevitablemente los ecos de John Donne, y en continuidad con las obras anteriores de este año prodigioso ahonda en el tono reflexivo sobre la palabra, sobre la potencia de la imaginación como verdadera simiente de lo temporal. El lugar común del viaje hacia uno mismo adquiere una dimensión personal al presentarnos una serie de lugares aislados mas significativos para el largo aliento de la autora:

> «Pertenezco a esta tierra que atrae
> solamente a las voces perdidas».

La memoria se configura así como un archipiélago de islotes dispersos, lleno de reminiscencias y recuerdos, en el que lo soñado, lo imaginado y lo vivido se entremezclan en el solo espacio real de la existencia:

> «O ser un archipiélago de alientos,
> de versos,
> de preguntas».

Conectado de forma absolutamente coherente con todo lo dicho anteriormente, la principal isla de toda vida es siempre, a modo de salvación del naufragio del desasosiego, la del amor.

Por último, en este año sale a la luz *Corteza*, cierre perfecto de este fértil episodio por su intento de revisión no solo de ciertas claves personales presentes en los propios discursos poéticos tales como la palabra y forma poéticas que quieren ser liberadas, sino también sobre la memoria personal y colectiva de un pasado en el país natal, Chile, y algunos terribles episodios de su historia reciente. La evocación de la figura del padre es paradigmática en este sentido.

Tal revisión como decimos es, además un trabajo intelectual de aceptación del presente y del tiempo, de sus efectos, delaciones, fracasos y mentiras:

«despojarme del peso de mi imagen,
vivir sin piel».

Tal como puede apreciarse, es evaluarse a sí misma, cuestionar los fundamentos que sustentan la propia concepción de la existencia, exorcizar lo anterior, reivindicar la belleza del presente como fuente de esa paradoja de plenitud y conciencia que es ser, tomando como modelo autoras muy reconocibles de nuestra tradición áurea hispánica:

«En espacios ajenos,
en un cuerpo asignado,
de alquiler a la muerte,
vivo

sin mí y en mí».

El pensar como rebelión debe acompañarse de un modo de estar en el mundo donde se involucre una actividad creadora y proactiva, interrogativa de la realidad tramposa e impuesta.

Después de todo lo visto hasta aquí de los textos de las diferentes obras, recogidos aquí en estricto orden cronológico, no es de extrañar el carácter de los textos pertenecientes a la, hasta ahora, última obra publicada de Tapia, que lleva por título el sugerente pentasílabo

Piedra que mengua, que, como no podía ser de otro modo, se alzó con el premio de poesía Ángel Martínez de Lodosa.

Este poemario es una vuelta a lo esencial, a lo telúrico, a la tierra como lo originario femenino; es un contemplarse en el espejo de lo vivo para reconocerse y aceptar en la fuerza de su devenir, aparentemente caótico, la propia imagen y la propia voz forjada en ella. Las formas de los poemas buscan esa esencialidad de un vitalismo metaforizado en la piedra, en las montañas como los Andes o cualquier estribación poderosa, en la lava y, por supuesto, en el fuego creador en su dimensión erótica y cósmica. Se trata, como dice nuestra poeta, de «habitar en lo opuesto», en la otredad que la naturaleza representa, milagro donde hallar «la voz agazapada en la materia».

El ser humano se ha alejado de la naturaleza, tal es el movimiento de la cultura, pero debe ser la cultura, la verdadera, la que nos haga retornar y perdonarnos ese desaire para restituir esa unidad que fuimos, amor antes que Babel:

> «Soy esa bestia libre
> que nunca ha de cazar la humanidad».

Para finalizar, y cerrando el volumen, encontramos algunos textos exentos, no aparecidos en libros y que han aparecido en diversas publicaciones corales o revistas. Este tipo de textos son en muchas ocasiones exponentes de la madurez y plenitud artísticas, como ocurre por ejemplo en el texto de Shelley y Byron aquí presente. En ese sentido, este libro es una ocasión perfecta para poder recoger una muestra representativa de ellos que, de otro modo, pasarían inadvertidos aun al más avezado y constante lector de poemas.

Como conclusión, la intención de este libro, como hemos intentado demostrar, no es sino la de ofrecer una panorámica de una trayectoria artística coherente y equilibrada, reflexiva no sólo en los contenidos sino aun en la construcción y gestación misma de la palabra poética como portadora de la llama de ese misterio que llamamos poesía. Por eso, por las innumerables pruebas que ha dado de ello, Marina Tapia es poeta de palabra vivida y significada, poeta de la tierra y el amor, poeta, en definitiva, de la vida y, por tanto, verdadera.

En Huétor Vega, a 24 de febrero de 2025
Juan José Castro Martín

MIXTURA

Antología personal

«Sin saber que tuve una palabra
de yodo y piedra-alumbre entre los labios».
GABRIELA MISTRAL

«los dos materiales que forman mi canto
y el canto de ustedes que es el mismo canto».
VIOLETA PARRA

«Todo muere pero lo único
que resucita es la palabra».
JOSÉ ÁNGEL VALENTE

NOTA INICIAL

En este volumen se ha reunido una selección de textos de mis diez libros publicados hasta el momento, desde 2013 hasta 2024, además de ofrecer a los lectores algunos poemas recogidos en revistas y libros colectivos. De esta manera pretendo hacer un recuento de mi trabajo poético —presentado de forma cronológica—, desplegar una vista panorámica del mismo y poner a disposición de los posibles interesados poemarios difíciles de encontrar, al tratarse en algunos casos de ediciones no venales. Nunca es totalmente claro y evidente el camino creativo trazado por el autor en torno a sus propias inquietudes (en mi caso, creo, la naturaleza, el erotismo, la metapoética, la identidad femenina, los paisajes, el amor, el silencio o la errantía); se asemeja más bien a una propuesta de ruta por la que los lectores irán avanzando, viendo reflejados sus propios pensamientos y estados emocionales en el surco abierto por la voz poética. Por eso, este tipo de libros recopilatorios brindan al escritor un gran regalo: la completud que proporciona la perspectiva a vuelo de pájaro. Y a la persona que lee también le puede resultar grato e interesante contemplar de un solo vistazo la evolución del poeta. En general, las piezas finalmente escogidas mantienen su integridad, salvo repeticiones y mínimas variaciones de puntuación. He preferido mantener el espíritu de cada época de escritura. En cualquier caso, ha sido difícil elegir y descartar ciertos textos a los que se tiene apego porque marcan un momento puntual o contienen imágenes, versos o finales sugestivos. Espero que esta labor de desbroce traslade una representación fiel y esencial de mi voz.

Agradezco a Ángel Olgoso, Susana Drangosch y Juan Cameron su atenta y generosa lectura de mi poesía, y por ayudarme en la selección de los poemas.

La Zubia, 1 de noviembre de 2024
Marina Tapia

50 MUJERES DESNUDAS

(Madrid, Amargord, 2013)

Soy la trapecista
que juega sobre cuerdas de egoísmo.
Va hilando el nido la crisálida
para esperar la muerte, su reposo;
y yo, en medio del aire
me atrevo a desatar
las hebras de mi sueño.

Soy la mujer-bambú,
no temo que me agite el devenir.
La pérdida
bordea mi cintura dulcemente.

Ya sé que nace vida
de aquella tirantez de pieles, del dolor;
por eso no me asombra este vaivén,
la altura.
¡Es tan dulce jugar con nubes pasajeras!

Domadora

Ocultas este lazo que nos une
y no como se esconde el oro a la codicia
o el grano en el invierno.
Es esa tu costumbre,
vestir la discreción
y saborear la miel de estar oculto.

—En el ir y venir de dar la mano
se desgasta la línea
del destino— me dices.

Yo rindo aquella anchura de mis ojos
donde cabe tan bien
tu cuerpo sin defensa
y aplasto este fervor,
mi cauce ciego,
la luz que se desborda.

Ya sé que he seguir en mi papel,
domar el resplandor
para poder amar
a un enjaulado.

Musa

No es mío este retrato
ni el cuerpo que se imprime en esa tela.
La explicación de tantas realidades
no cabe en una mancha de pintura,
así como no cabe en un papel,
esta confrontación del pensamiento
y el acto de cercarlo en lo legible.
Sencillamente es otra la que existe,
la suelta en cada giro,
sin intérpretes,
más allá de este pacto con el cuerpo.

Cantaora

Soy la oyente solícita,
que sobre este crujir de secas oraciones
resucita el dolor,
alza su grito.

Busco la voz que escale a lo callado.

Busco el tacón que aplaste todo el miedo
y el traje negro-mirlo
que atrape mi penumbra.

Artista

No suele acomodarse, no lee los periódicos,
no usa los colores de nueva temporada,
mi arte, aún arrastra los pies al caminar
para atrapar el polvo de la tierra
y viste aquella blusa
transparente
que deja ver sus vicios y sus arcas.
Es a veces sereno el temblor del pincel en el agua,
es crepúsculo rojo.
Y soy como animal
que tarda en digerir el mundo,
que nunca se arrepiente de su hambre
y que deja crecer su selva, la maraña
donde nacen más fácil
imágenes   y letras.

Poeta

Así como se guardan pétalos y hojas
en medio de los libros
yo guardaba
ciertos trozos de ti,
cutículas,
las hebras de la ropa
que perdías.
Estas cosas las hice sin pudor,
con algo de malicia.

Esperando aumentar mi colección
de íntimos tesoros,
recurrí con esmero:
a la lectura suave en tus oídos,
al verso que acorrala,
hechizos de la voz.

Debo confesar a mis lectores
que utilicé al poema
de señuelo.

Derechos y deberes de la autora

Probadme, mordisquead mis pensamientos,
los vicios, mis caídas;
es fácil
bajar
la cremallera
de una mujer expuesta, que se dona.
Mas,
no puedo aseguraros
que lleguéis hasta mí,
a la raíz del llanto o de la risa.
Aún conduzco en medio de la niebla
y es largo este camino de carteles
por el que voy buscando mi morada.

Me doy
pero me guardo,
he ahí mi mercancía.
Dejadme que conserve
algún secreto
furioso
entre los dientes.

Por lo demás, leedme sin piedad.

Paloma

Tu piso de soltero
tan bien organizado,
con cajones nocturnos
y cortinas de alpiste.
Difícil es cruzar una morada así,
con estos pies ingenuos, de raíces,
con esta boca madre
que sabe alimentar el día de mañana.

Si llego hasta tu cielo,
va retocado el hambre,
mi impaciencia
y esta voracidad de lo perpetuo.

Le sienta mal la duda a mi desnudo.
Por eso mando a otra hasta tu casa.

N.I.E.

Acepta esta tarjeta
que guarda un historial de múltiples trabajos,
un peregrino andar por el enjambre.
Para la migración
yo fui educada,
para este camuflaje
bajo un color de piel mestizo, silencioso.
Para olvidar la lengua de mi madre
con sus diminutivos, su seseo,
ese calor cubierto, el timbre agudo.

A fuerza de sigilo
esta Sancho morena consiguió refugiarse,
pasar inadvertida,
dejar de pronunciarse en las pisadas.

Y vestiré la escama que refleje
tu calle con su prisa.

De un rosa deslavado es este N.I.E.,
de un azul que despide en su puerto
a todos los celestes.

Mareo a mi razón,
al peso del ayer guardado entre las uñas
y abro mi garganta
para que me examine
este doctor del hambre y la porfía.

Razón de la gaviota

I

Está, planea, es
        y se desplaza;
busca un sitio en el mundo —una gruta quizá—
donde dejar sus muebles de emoción
y el existir se vuelva un acto abierto.

En búsqueda de un rostro de acogida,
de manos que reserven el fuego primigenio
o hierba que suavice el vértigo, el camino,
avanza casi a tientas.
Hace un remiendo rápido al remiendo
de todo lo que deja en el ayer.

Dónde estará el anclaje necesario,
en qué salto de ola,
en qué lugar
        del mundo.

II

Exiliarse fue un acto rotundo,
sin libreto, sin luces;
donde no se sabía
la forma como entrar
                a escena,
las plumas que sacarse o qué ponerse.

Caminar de esa isla al viejo paraíso
urbano
y sin adentro,
a la complejidad de una ruleta,
seguir en el tablero   a la dama luminosa,
ir hacia el norte armada de los *puedo*.

Exiliarse y arder por arraigo.

Escúchame sin prisa,
debajo tengo un fondo de aguas detenidas
y pesa la memoria
y pesa lo que arrastran los zapatos

y vivo en cada vuelo
            hacia tu puerta.

III

Mi padre nos decía:

Si tienes vocación de ola y cielo abierto,
si naciste en la fuerza
del tiempo que se abría en la ventana,
ajeno a las murallas
de esta playa perdida
al sur
del mundo;
si tienes vocación de parecerte
al aire

—y en las manos—
llevas inscrito el surco del azar.
Vete de aquí, emigra,
la vida que te lleva
preparará en la noche la maleta,
te brindará después
mi aliento
en el aliento
de cada atardecer.

Debes saber que el pájaro no busca,
que todo se conjuga para el vuelo.

Y yo estaré contigo.
Quedará tan atrás
aquel anonimato de la arena
y lograrás saber
quién eres, quiénes somos
pues sólo la distancia nos perfila.

Mujer sin celestes

Limpiando la casa de señores lunas,
triste es la suerte,
la fama,
la figura,
de la clavada al suelo
y al mueble con espejos.
Ella va con su cuerpo removiendo los barros
porque para sacarlos:
ha matado su orgullo con olores,
ha sepultado el sueño de su vientre.
No me entendáis,
con útiles de aseo se comprende el poema
vivido
de mujer sin celestes.
¡Qué juego de tijera,
de imágenes,
de verdes papelitos de la compra
se han abierto a las manos,
tantas manos!

Yo discutí unas veces con la araña y los mosquitos
para que se marcharan
de los pulcros rincones
que vaciaba de polvo y de vida.
Quería ver las aguas jabonosas
salirse por las casas,
jugar con las burbujas,
detener el lamento de la escoba en el suelo
alargar,

acortar
esa rutina.
Dolorosos los cristos de mujeres cristales,
de las evas-fregonas,
de las vírgenes-ropas,
de las madres distantes.
Entre sus hijos y ellas hay un espacio
santo,
crudo,
hay un parir de pieles trabajoso.

Hoy llora
despacio,
despacito
como pasos de hormigas por los cuartos,
pensando que la luna que mira,
quizás la hará más blanca,
mientras va por las casas
aclarándolo todo.

Salvaje

«La casa entera encadenada
cuarto a cuarto».
ANDRÉS GONZÁLEZ ANDINO

Cierro mi hogar
y ciego sus ventanas.
Los pájaros no deben
seguir haciendo nido en las heridas.

Estreno la corbata del sepelio.

Hay pozos que no pueden contemplarse
porque olvidan la luz.

Esta casa vivió dentro de un grito
y ahora me persigue su murmullo.

Cierro el hogar,
me espera la amplitud.
El bosque siempre guarda habitaciones.

CUÁNTOS
jueces
padres
sacerdotes
viven en mí
cuántos carceleros.
Hasta dónde sin ellos
llegarían mis alas.
Cuántas desde mi ser
volarán
cuántas.

Escrito a mis espaldas

Aunque de mí me burlo todo lo que puedo,
arranco a mi secreto nuevas crías,
engaño a la mentira con engaño
o escondo bajo almohada aquel impulso.
Y aunque garabateo en esta hoja
membranas como letras de túneles no abiertos,
yo sé que ante el espejo

lo turbio se recoge sin palabra.

Condición

Aséptica me quieres,
perfecta y que no estorbe en tu vitrina
(como ese ruido aquel de la nevera)
sin puntuación de duda,
sólo un color de fondo en la paleta.
Distante en las mañanas
para seguir pactando caminos al ascenso,
segura por las tardes
para evitar ser peso en tu mochila.
Y sobre todo: lejos.

Estéril.
Diminuta.

EL RELÁMPAGO EN LA HABITACIÓN

(Granada, Nazarí, 2013)

Confesiones de Morta

Lucharé por tu cuerpo
de gamo iluminado en la tormenta.
Me resisto a que el río
que desata
                    tu voz
se convierta en mutismo
o se manche en el mundo.

No puede —te repito—
una sustancia ígnea,
como tú,
excusar cada día su pecado de arder.

He de rezar
               a dioses
                     subterráneos.
Tres velas, una danza, una diatriba
para que siempre seas
                 siempre.

Yo te rescataré sobre mi lecho;
tu alarido será
tan alto,
tan espeso.
Nadie te raptará de mi jardín.
Ni siquiera
                  la vida.

Anunciación I

«la palabra placer, cómo corría larga
y libre por tu cuerpo».
GONZALO ROJAS

Ven,
con todos los caprichos,
con esa forma tuya
de medir los espacios del aire antes del polen.

El placer se destila en invierno.

Yo te puedo adquirir —en los mercados negros—
el traje del desnudo,
una forma adecuada para andar la penumbra.

No es nuestra hora. Escucha,
las flores se han abierto
y un cúmulo de hambrientos accidentes
apuesta
nuestra piel.

Hay que llegar al trance con soltura,
abrir la delicada residencia.

No dudes, no retengas los pasos por temor.
Ya estaba desposado
tu gemido.

Anunciación II

Parece que ha llegado aquella noche.
Estás capacitado, dador, y yo, dispuesta.

Hace tiempo que espías,
entre-a-bres la puerta
        angosta
que recorro
o imaginas el goce
(qué gusto en la saliva,
qué olor se desmigaja en la cintura).

Yo soy como el metal:
taciturna, maleable
a la voz del martillo, del fuego.

Almidoné mi cuerpo
y tenso se dispone a tu arrebato.

Escucha,
la lujuria
    es santa,
        no te pierdas
            el goce de saberte un animal.

El relámpago en la habitación

Llegas a mí sediento y luminoso,
nadie te ve en mi cuarto,
nadie ha visto
esa vía de luz
de tu esperma,
esa forma —tan tuya—
de evocar a los juncos y al cirio.

El amante tapiza de sudor su calzada
y una punción penetra, con soltura,
en puntos cardinales florecidos.

Soy el cielo que ataja el sonido del rayo,
como la aldeana, grito,
y guardo mi rebaño en la tormenta.
Espero,
secretamente espero,
el arrebato ardiente que cambie la campiña,
dulce fiebre de noche revuelta.

Evangelio

Alguien debe jugar con el juego
parir otras palabras
para nombrar la curva y la meseta
del bosque del placer.
Alguien debe escribir:
la vida vive en medio de mi cama
y hacer que se sonrojen los aromos
amar con otro canon y textura.

Alguien debe entregarse y arder.

Nuevo pacto

A mi hija Camila

«No le ofrendéis ni sedas,
ni clámide, ni lino,
porque Ella es su oribe y sus alhajas».
JUANA CASTRO

No me ofrezcáis
hermanas
más ungüentos
vuestro polvo de arroz
trabilla
pintalabios
o complicado moño de orquillas para el pelo.
Soy bella así
radiante
he vuelto desde el fondo del pantano
ya atravesé el espejo
ya combatí al Goliat de la vergüenza.
Ha dibujado el tiempo de la espera
secreta
celosía.

Soy hija predilecta
de toda la verdad que iba cubriendo.
Camino sobre el mar
soy pájaro
pujanza
porvenir.

El mundo de las libres me ha llamado
ha abierto su jardín para el banquete.

No me ofrezcáis doctrinas
fariseas.
Ya ha sido escrito en mí
el pacto del amor.

Mystes

Contempla mi fervor,
observa cómo van
en procesión
los labios y la lengua
(la voz que, con placer, se suma a veces)
para entonar el salmo de la sed.
Mi boca
recita los misterios
(la creación, el baile de galaxias, los campos del silencio)
y amplía los segundos o atesora
bocetos de verdad en líquida rivera.

Mi boca es la ministra de tu semen.
El único camino de la noche.

Y no posar el labio...

Y no posar el labio, y no besarte,
y no guardar tu rizo de saliva,
no darle de mamar a tus suspiros,
qué pecado de amor, clavo y espina.

Cita

«Posiblemente quepa todo el mar en tus ojos
y quepa todo el sol en tu actitud de acuario».

PABLO DE ROKHA

Tu piel penetra en mí, completamente.
Al modo de los dioses, me acaricias.
Inventas un compás,
prometes todo el cielo,
reinados en la duna submarina.

Tú sabes distenderme.
La arena te enseñó cómo borrar
la huella de otros hombres.
Silencias mi pasado, sólo dejas,
la clara sinfonía del deseo
y todo el universo se conmueve.

Miradle,
barcas, rocas,
espumas anudadas en su orilla,
cómo aúna la calma y la fuerza,
cómo grita mi nombre.

Cristalina, radiante marcharé hacia la costa
después de copular con el azul.

Náufrago

Si te trajera el mar como a una balsa
la boca semiabierta
casi vivo
jadeante en el esfuerzo de la lucha.
Si un pez te vomitara
Jonás
sobre la arena
en el sudario blanco
de mis muslos
y omnipotente
y recto
viniera tu reinado.
Si se encargara el viento de tu culpa
si mordieras mi anzuelo
o el hambre
no enterrara sus uñas

si contrastara el malva de tu sexo
con todo este paisaje sin ofrenda.

Disparos con una Canon compact

/dijiste/ /ven/ /desnúdate/ /sonríe/
/mis tierras son tan secas/ /no hay futuro/
/yo llevaré tu imagen a mi sombra/ /serás eternidad/
/ya asoma tu pezón como la luna/

/y yo imité la forma/ /en que las huaris/ /ascienden al altar/
/la curva de la costa/ / la dulce turbación de la vicuña/
/me vestí de sudor/ /de nube/ /de sus ojos/

/Ansioso cazador/ /sin rumbo/
/no me mires así/ /con tu párpado luz/
/no me excites/ /te pido.../

/ayer robó mi alma/ /tu canon/
/para siempre/

Secreta residencia

> «Cuando ella y yo nos ocultamos
> en la secreta casa de la noche».
>
> JORGE TEILLIER

Entra desnudo, libre, a nuestra casa. De sus paredes cuelgan, retratos de mi voz que invita a tu cadera para el baile. Y deja los relojes en la entrada, zapatos para andar la precisión, las gafas de cristal-monotonía. Desenvolvamos juntos el presente. ¿Escuchas el quejido del papel, o los dedos que abren —con suavidad— la ardiente cremallera? Tu cuerpo es un regalo.

Apunto lo que cambia con mi boca, tu cielo de lunares, la procesión de rojos y tibieza, invito a la humedad para ceñirte, despacio, como dictan las normas de este hogar.

Existe aquella casa. La construyó ese cuello que me busca, mi piel, nuestro apetito.

Se ha vuelto la guarida del relámpago. Un delicioso enjambre de pasillos, de huecos y de cuartos. Un nido de luciérnagas, a veces.

Se regodea el tiempo en su compás, toca la puerta, entra, trae vino; y juega a prolongar la tarde y el ocaso: cuando ve mi labor de encaje y de saliva, cuando escucha jaurías y mares.

Tu vocación de cuenco no la olvides, de hombre enredadera, de alambique. Y vuelve a percibir tu cuerpo como un fleco movido en el placer. Y vuelve a revivir —en mi paisaje— el vértice animal.

¿No ves el algodón donde germino? Cómo nace y espera esta diosa que soy, en la puerta sutil de mi sexo.

Tan sólo son estáticas las normas. Exíliate del mundo, corre, vuela, llega hasta el origen. Ven afiebrado, erecto e impaciente, porque hace tiempo ya que mi cabello, los glúteos, las rodillas te buscan entre libros y estaciones, en tierra ajena, al fondo del espejo.

No tardes, nos espera, el lecho del amor.

Equidistancia

Me tiendo como sábana,
como un objeto usado en la rutina.
Ocupo ese lugar frente a la mesa,
el sitio de la copa (así de transparente).
Soy aire y abertura, la madera
para partir el pan de los momentos.
Ya habito tu morada,
ya transito.

Llámese dulce encanto mi distancia,
y exáltese, la forma,
de estar en cada límite, abundante.

¡Qué ardiente mutación la que me ocupa!
Vivir tu realidad,
tocarte, amor, tocarte

sin un cuerpo.

Petición

A Sophia Halkidou

Si duermo,
venid a despertarme con guitarras,
cajones
y flamenco.
Si seca mi apetito de buscar
y sueño sin amante por la noche,
venid a seducirme con el cante,
con esa voz quebrada del gitano,
venid con los tacones,
con las afirmaciones en la tierra
a colocar mi agua en otro estanque
que espere el sol, la luna, la mañana.
Y la falseta reine.
Las jóvenes
imiten el paisaje,
la espalda como un árbol
torciéndose nudosa,
la ropa que se suma a la cadencia.

Pellizcad el compás
y pellizcad mi verso.
Soltad al aire vástagos lunares,
que asome la belleza, discreta, por la puerta
y luego se desnude sin temor.

La tierra tiene voz
y sólo se despierta con la danza.

Paseo por Granada

sube/ baja/ ven/ no hay prisa/ el tiempo se invalida/ los relojes/ adquieren la sustancia de Dalí/
y llévame por calles atestadas/ de gente/ nunca he visto/
los ojos de otro hombre/
tan tensos/ suplicar/ la dicha/
las viejas teterías/ los bazares/ han sido diseñados para el rapto/
arregla mis encajes/ mi braga que se inquieta en el amor/

tu lengua se apasiona entre la gente/ con la prohibición del arrebato/
no temas/ no te escondas/
nos dejarán hacer los comerciantes/
otorgarán su alcoba de babuchas/el velo/ los espejos/ las especias/
para el banquete ardiente/ en mi jardín/
por San Gregorio carga mi apetito/ y escríbeme otro nombre con tu caña/
mojada en tinta/ en beso/ en ti/ completamente/

Modulaciones

I

No se llama preámbulo este paso,
no se apellida juego,
aunque empecemos siempre   en las orillas
y avancemos con pistas
de voz
para la piel.
Otra mujer, de pronto, me releva,
conversa haciendo lazos al pretexto
o despeina vocales.
Planea la atención sobre la boca
que al fin decidirá el acercamiento.
Y sólo así,
desnudos de palabras,
se inicia aquel oficio de nombrarnos.

II

Recitas con los ojos cerrados tu poema
como si la memoria guardara otros apuntes;
balanceas los dedos siguiendo algún secreto
pen
ta
gra
ma.
Se parece tu voz al asalto del día,
a una cierta inquietud,

a un camino que se abre milagroso en el cerro.
Mi cuerpo al escucharte se sosiega,
remonta sus oídos,
pone en su mesa un cuenco
para el agua.

Vínculo

> «Los gatos salvajes se juntarán con hienas y un sátiro llamará al otro; también allí reposará Lilith y en él encontrará descanso».
>
> BIBLIA DE JERUSALÉN

Señorita / cómo le puede a usted gustar de esa manera / cómo logra vivir / con sólo el alimento de sus libros / mi dulce señorita / cómo puede insultarme con los superlativos que él infunde / y medir cada hombre con la vara de un tal... / citar sus entrevistas / citar la arenga aquélla / llamarle dios / rezar / y hasta bañarse / con la esperma invisible / que deja en sus escritos /
¡Sí! Son cuentos / sólo cuentos / manuales de persuasión / para atrapar a ardientes / lectoras / como usted / mi adorada Lilith / mujer de tacto suave / de reducida práctica / que ha preferido el beso / blanco / de los libros / al pacto del amor /
Déjeme que aclare varias cosas / él vendrá / después de seducirla con su pluma / vendrá para subirle la falda cuando lee / a comprobar qué causa su discurso / qué línea se humedece entre las piernas /
No quiero ya escuchar su lista de defensa / de buenas fuentes sé cómo es su vida / la clase de tugurio que prefiere / para nutrir el glande de su verbo /
Yo le conozco bien / escribe desangrándose / como un ángel caído en el lodo / por eso es convincente / porque sufre / y usted quiere salvarlo / lo sé / Lilith / lo veo en sus pestañas de rocío / quiere ser la guardiana del mundo / que solo resucita con su voz /

Existen otras formas de amor más naturales / la convención no aprueba / esa manera suya / de ser mi paraíso / esa manera mía / de querer disuadirla /

Extraño este camino de letras que nos une / ¡Ay! / amor / consagra / diviniza / a este escritor maldito que te busca / mi adorada lectora / Lilith.

Cita con un dorador

Es un proceso lento.
Dispones en la mesa
las pinzas de bambú,
el pomazón,
tus ojos-luz
        el agua y el pincel.

Excitas los oídos
hablando sobre el siglo diecisiete,
de monedas abiertas
por la desigualdad
de cada golpe.
Separas con tu aliento
las láminas de oro
                de mi vulva.

Nunca antes estuvo
en mi cámara Helios,
o una piel de vaivenes dorados.

Y por eso es que soy:
ese barro de Armenia que aguarda,
el ágata que quiere
iluminar tu cuerpo con salivas.

Enumeración

Ayer, amado tótem:
tu cabeza
estuvo entre las fauces del león,
tocó la campanilla varias veces
y derramó
la leche que traía
(¡qué torpe!)
en mi portal;
volvió a cuestionar el mito de Platón en la caverna;
provocó ese diluvio
¡cuánta lluvia!
y destrozó mi arca de Noé;
y Troya fue sitiada por tu potro;
mordisqueaste la boca-manzana
con hambre de recién casado,
de eterno buscador del paraíso;
pusiste tu bandera en la Portada
de Antofagasta,
en la cueva
de Nerja,
en los aros de Saturno;
viniste disfrazado de bombero,
de Pollock, de Picasso, de Yves Klein;
ayer, querido tótem,
salpicaste vida en mi garganta.

Poema frente al día

Tengo un poema gris en la garganta,
seco papel que estorba
el acto de tragar un mundo amable
y aunque cito a Valente,
no me llega su luz.

Es fantasma guardián de fantasmas.

Tiene peso de réquiem
por la mujer
que hacía
un telón para un cuerpo perdido.

Imposible ser vista, ser oída, ser libre
cuando el muerto y su miel continúan zumbando.
Y no importa que enfile
nuevos verbos, trajines de letras.

Un puñado de versos no apaciguan el día.

MARJALES DE INTERIOR

XVII Premio de Poesía Paco Mollá (Petrer, Aguaclara, 2016)

Razón para anidar

Si llegué a esta planicie
si una fría ciudad no detuvo mi fuga
si Nínive viajaba en mi pupila
si me parezco ahora a su paisaje
y encima de las piedras equilibro
el aire en la viveza
ha sido por tu beso
suavísimo
ovalado
perfecto como el fruto del olivo.

Carta antes del viaje

Dime
que ya calmó tu angustia
el vuelo del gorrión en la campiña.
Dime
que has roto tu rigor
volviéndote ese mimbre del estero.

Que curaste tu arritmia en la vega.
Que de nuevo sonríes.

Espero tu respuesta, quiero ir.

Ruta de las fortalezas

Vía de tren,
gravilla,
olor de la aceituna, su fermento,
Zujaira, ya caminas hasta mí,
se adentran por mi córnea
tu iglesia de blancura de paloma,
tu fértil periferia, los caminos
de olivos que devoran la montaña.
Ven,
pueblo,
congregación de voces y paisaje
a calmar el ayer,

a salvarme.

Acerca de la Virgen del Espino

«Pero dentro del duro
músculo de la rama
canta lento un latido».
Antonio Carvajal

Me conmueve aquel árbol
que se asoma y me mira
desde el rostro sereno
de una virgen tallada,
que palpita detrás de las capas
de oro,
de pintura,
de barniz.

Pero más me emociona la tierra,
el agua,
la semilla
que crean ese árbol:
que estira su follaje,
que eleva mi mirada hacia su copa
mostrándome

los cielos.

Persecución

Cultivo esa actitud de la que llega
a tierra extraña   siempre
y sin lazada
para estrenar la casa sin hogar
los muebles escogidos por la bruma
distancias
rostros
rótulo sin puerta.

Voy tras la plantación definitiva.

Carmen de los Mártires

Para Ángel

Qué debo hacer, decidme, para quedarme allí: en ese instante armónico, completamente vivo, empapado de savia.

Prestadme un punto y aparte para clavarlo firme en un papel, para que no permita que el futuro siga trayendo días de neblina, o de cavilación y soliloquios. Debo cercar la luz que derramaste, me urge retener las oraciones, las frases que dijimos, y la respiración (el leve comentario de tu piel). Qué coma es la adecuada para hacer esa enumeración de las virtudes que al aire derramaste.

Cómo fijar la mancha de vino, de pasión en el mantel volátil del mañana.

Cierro los ojos, siento, me detengo, no quiero ver, no miro. Marchitará el ahora —ya lo sé— hermosas siemprevivas que cogí del campo de Ahabul. Que pasen por las calles aledañas las horas, los minutos, que nadie me moleste, no iré por vuestra ruta taciturna.

Permito que un oleaje de recuerdos anegue mi cabeza. Repasa mi memoria una vez, y otra más, sin descanso, lo que pasó a la luz del mediodía: tus brazos de columna levantándome, tus dedos de cascada en mis mejillas, la gruta, el huerto, el fruto, las acequias, estancias de tu cuerpo sin cancelas.

Me dormiré despacio en el sillón azul del palacete. Con la imaginación de mis rodillas fabricaré de nuevo aquel momento en que bebí tu miel sabor a sal. Los cedros de Bussaco custodiarán mi ruta, este viaje perpetuo a tu pelvis. Voy a ser la que he sido en tu pecho: la mujer luminosa, enraizada al amor.

Me acostaré encogida, absorta, casi muda sobre este hoy que llora por quedarse.

Asalto y claridad

Y vuelvo a recordar que los helechos
desprenden sus sortijas en la sombra,
que el agua habla más claro en las acequias,
en grutas escondidas,
que es breve la estación del esplendor,
que hay que lanzarse al prado
antes que merme
la faz de lo secreto
y ver
y ver
y ver hasta colmarse.

Esta disposición de primavera

Me acoplo, me vislumbro
en cada recoveco de los montes.
Y me transformo en óxido,
en hierba que ha inspirado el aguacero,
o soy como la escarcha:
instante de pureza,
blancura para un juego de oquedad.
Me dejo traspasar,
ya puedo ser calima, viento, musgo,
esa pequeña   espora.

He encontrado mi voz
en el murmullo amplio y colectivo
del río, del sendero
hacia los bosques.

Caminos que se abren solo en junio

I

Tu boca recitó,
y yo extasiada,
sentí cada vocal en mis raíces,
soñando el paraíso fui sin miedo
detrás de la corriente de tu voz.
Qué bella obstinación me gobernaba.
Qué sabia mi porfía, porque ahora:
toda la creación con sus latidos,
el pulso del placer, las olas,
el universo
habita
en la mirada.
Ay, cuerpo para amar, pasión sin tregua,
bajo mis ojos vive —transformado—
el mundo que creaste en el ayer.

II

Viven en mí cincuenta concubinas,
recreas un enjambre y todo es miel,
es lengua,
es el lenguaje que retoza,
y noches
y estaciones
y decenios,
mixtura de la vida enamorada.

III

Despiertas el marjal de las delicias,
luciérnagas, preguntas y gorriones,
y vuela tu sonrisa de vilano
por toda nuestra casa.
Madera,
piedra,
estuco,
celosía,
espejos ataviados por la luna,
la fría porcelana del lavabo,
aguardan tu mensaje, alguna pista
para volverse cómplices del juego
eterno
del querer.

IV

En el mortero rojo de la tarde
preparo esta canción de bienvenida
para los pies perfectos de ese junio
que trajo infinitud de primavera.

Escrito en los jardines de Daraxa

¿Cómo será tu voz cuando me cerque,
cuando pasee junto a la añoranza
que siempre te ha esperado en el umbral?
Cada gota que da
tu piel
es un aljibe,
es el sabor maduro, la naranja,
color que balancea su promesa.
Cada paso hasta mí
es un rizoma
de todo lo que antaño sujetaste.
Amor de cucharadas que me sacia
porque en la plenitud fue concebido
para sembrar senderos de naranjos,
para plantar dulzor en la sequía.
Ah, tú,
rezumador,
certero,
casi exacto,
con esa infinitud que sobrecoge
mi tronco, mi moldura.

¿Cómo será mi voz junto a la tuya?

Casa cueva

Ocre
olor a pino amplio en el tabique
oscuras chimeneas de la cal
                                        y viento
que se cuece
en hornos
del ayer.

Escucha cómo canta en los racimos
el agua subterránea.

Nunca la tierra tuvo tantos labios
para decir: existo
mirad mi arruga fértil
el polvo que levanto como bruma.

Oculta en una cueva de Guadix
maduro en el silencio
mis palabras.

Fuente Vaqueros

A calle abierta y sillas espontáneas
levantan los gitanos su festejo
los perros
y los globos
y las nubes
adornan
el compás del vocerío.

Qué rápido palmear.
Qué lento va el ayer por su camino.

Matiné

A mi madre Pamela Pérez

Bajo el telón etéreo de los juncos,
vestidos de colores irisados,
salen a escena,
prestos,
uno a uno:
los patos.

Qué danza más perfecta sobre el agua.
Tan llena de donaire.

Casi aplaudo.

Y BAJO HASTA ALMUÑÉCAR,
como quien baja a un pozo,
hasta su propio abismo
rural y necesario;
camino hasta los valles
del mar, donde la vida,
oscila
en nuestro margen.

Y juego a ser palmera
o piedra de un castillo,
imito aquel asombro de los pasos.

Cuántas ciudades blancas
tengo que caminar para encontrarme.
Cuántas plazas guardar en la memoria
para volverme niña
y sílaba gaviota.

Sabrás que no temí,
que ya he llegado, madre.

Razones numerarias

Si doy un paso más,
si vivo en lo que observo,
si soy la nervadura,
el músculo, la cepa,
partícipe atención que se amapola;
si dejo que la aurora se demore
en su acicalamiento, en la querencia,
se emplace sobre sí —y yo no mengüe—,
que ría, que celebre su vaivén
y siembre su canción en mis oídos.

Si soy, al fin, palabra manifiesta.

Esa joya del día

Diversidad de tramas,
montículos y surcos,
dibujos de la luz en mi pupila.
Sinfonía del ocre.
Complejidad
perfecta.

Los juncos en la orilla, y el enigma
que cantan las cigarras.

Se ha escondido el perfume,
de pronto,
el aire va estrenando su vivir.
Y todo lo tutelan las montañas
nevadas o ceñidas en su fuego.

Engarzo este momento en un papel.

Septiembre

Allá en Valparaíso
se eleva un volantín al aire,
aquí se seca
la vida de una hoja
en una cuerda.

Todo transcurre a un tiempo.
Mi corazón acoge los opuestos con voluntad
alquímica,
con esa claridad de las que emigran.

Definición

> «Por las noches nos duele la carne de tanto lucero».
> FEDERICO GARCÍA LORCA

Otros glosarios, otras religiones. Escenas y caídas y conquistas. Somos los mismos, somos los que piden. Cambia la fornitura del espacio, el frontis del paisaje, pero aquella emoción, el ansia de elevarse, de poder orquestar momento y actitud, el revuelo que causa en la cuenca del ojo su voz que va cavando más adentro, a esa venia del aire, al agua, a la calzada que la muestra. A esta turbación. A eso llamo: luna.

Invierno

La soledad se amplía, se acentúa,
los tallos se doblegan ante el agua,
la tierra se ennegrece.
Ay, peso y gravedad.

El cielo nos anuncia oscilación
de todo lo que firme
nos crecía.

Llegar hasta el marjal

Quizá por esa curva y ese arco
tal vez porque el pezón de sus corolas
acuna y amamanta
o porque hará que mude mis talones
y nazca mi plumaje en un segundo

por eso vine aquí
para descomponerme
poco a poco

para volver
a mí.

Vestigio mineral de mi existir

Qué queda del vivir
del cúmulo de huidas y de encuentros
de aquella marejada de emociones
qué ves
qué cristaliza
granos de sal
estrellas.

Qué queda del vivir sobre la mesa.

El almendro

Maravilla que se abre de pronto
cuando acaba febrero,
a finales del mes de la escarcha.
Pureza que inaugura los marjales,
fanal,
espejo donde asoma el devenir,
blasón
de primavera.

¿Quién te ha sembrado, almendro?
Fui yo
que por las noches alumbraba
un árbol de palomas,
un mástil, un hogar, una columna
para olvidar mi peso y mi pesar,
la cruz
de la vejez.

He querido correr, he querido saltar al vacío,
a la oscura ciudad de la pena
y tú me detuviste con tus ramas
joviales y floridas,
con esa flor de luz
y estambres que sostienen
pasión multiplicada.

Existe, sí, existe la pureza,
lo delicado vive,
aún puedo prender en el ojal

tu leve bailarina redentora,
aspirar la belleza,
la paz que permanece sin edén.

Tu savia nos eleva,
almendro,
dulzura del secano,
dulzura de mi vida
que se apaga.

En el solsticio

Si pudiera
hacer que el portentoso firmamento se acerque a tu mirada.
Gasto mis días, músculos y fuerza
en componer
una canción tan cierta como el sol.
Multiplico sentidos, abro un párpado nuevo,
traigo pájaros, nieve, crepitar de fogata,
y me dejo tatuar por la hierba.
Y soy como la loba que prepara papilla de lenguaje
para tu boca hambrienta de verdad,
de vida que florezca
en la palabra.

JARDÍN IMPOSIBLE

(Premio Luis Carrillo de Sotomayor, Ayuntamiento de Baena, 2020)

Palabras de la flor al colibrí

Te quiero encadenar por el olfato
que sigas el camino que lleva hasta mi polen
quiero volverte acólito del hambre
que busques el almizcle en los perfumes
vivaces y latientes
y la jugosidad que se anticipa
con forma de sustancia sobre el aire.

Te quiero proponer la senda del mordisco
la sobremesa-risa
la plática en los platos del instante.

Un choque de brutal belleza
he de extender mañana en tu mantel.

Códice Voynich

A Josefina Martos Peregrín

Hombres planta,
mandrágoras,
lotófagos
recorren mi cabeza como espectros.
Tamil,
sánscrito,
lengua de los ángeles,
un texto indescifrable
me visita.

Libro locuaz escrito para ciegos,
para los desterrados de tu altura,
inalcanzable mapa.

¿Qué monje en su *scriptorium* te alumbró?

Volúmenes miniados y beatos
que podéis transmutar tanta sombra,
no me privéis del alba,
de un mundo que dormita en el silencio,
llevadme hasta el edén
de frutos imposibles
que sacian esta sed de claridad.

Despliega, manuscrito, la belleza,
condúceme al delirio octagonal
con tu caligrafía de quimera,

con tus constelaciones que arrebatan.
Adorna las raíces de este mundo
con zarpas y con signos.

Herbario alquímico,
herbario de los astros,
pregón de lo insondable,
mis ojos se deshacen,
se marchitan
siguiendo la corriente de este siglo
tan vano,
tan prosaico,
tan sensato.

Fuente de las lágrimas

«Ignorante del agua voy buscando
una muerte de luz que me consuma».

FEDERICO GARCÍA LORCA

Presentir la muerte en el fango,
en el liquen,
en la vegetación solemne y escondida,
saber que ya me llama Aynadamar,
que prepara un sudario,
un tálamo de tiempo,
un hábito de agua.
Juego de reflejos,
de planos,
de estaciones,
me aguardan en la Fuente Grande.

Desde la telaraña fatídica del fondo,
en la delicadeza de las libélulas que bordan la fontana,
en las plantas fosforescentes,
en la persistencia del musgo femenino,
en la ascensión sagrada de las burbujas,
todo canta,
albercas, cauchiles y atanores,
todo llama,
telúrico lugar,
sus piedras coronadas de verdor,
su comparsa de hierba y rodaje.
Río que entra en mi sien
y largamente me arresta
con sus cristales.

Saber y no saber,
presagiar
el limbo que se asoma en las choperas.

Voy a seguir cantando,
es mi única verdad,
me lo dice aquel olivo
que ha esparcido mi voz en su copa.

Seguirá refulgiendo el poema,
espádice amarillo,
en cada cicatriz de las cortezas.
Y seré de vosotros,
cuando la dula
del mañana
abra
su misterio.

Gato-helecho

Catus nephrolepis

A mi hermana Gloria

Me cuidarás cuando yo enferme,
rozarás mis tobillos,
ronronearás tan manso
como el follaje del abeto,
y alargaré mi mano —ya cansada—
a tu pelaje verde.

Felino que nació en una maceta,
con timidez de pétalo,
oliendo a abono fresco y a verano,
a tréboles y a pastos
para mi soledad que fue tan larga,
para mi semillero de preguntas.

Saltas a mi regazo, te acomodas,
cola de enroscada suavidad,
y yo acaricio
la hoja de tu oreja que busca la humedad,
el sol que zigzaguea entre la parra.

Tu cuerpo, que se cubre de rocío,
domina el verbo exacto del aprecio
y guarda mis costumbres en sus ojos,
conoce el estribillo de mis pasos,
discierne cuándo salir u ocultarse

(si alguien me visita),
sabe beber el agua subterránea
con su lengua rizoma,
con sus patas raíces.

Presiento fragancias de macizos,
de heno recién cortado
en la clorofila de tus venas.

No te marchites nunca, no decaigas,
te velaré con esta gratitud
que tanto se parece a la hermandad.

Principios

«Y allá en los grandes salones,
debía de estar el tapiz purpurado y lleno de oro,
la blanca estatua, el bronce chino,
el tibor cubierto de campos azules y arrozales tupidos,
la gran cortina recogida como una falda,
ornada de flores opulentas».

RUBÉN DARÍO

No.
Las cortinas con flores de acanto
los estambres impresos en oro
y los jarrones chinos.
Los estanques de inmóviles lotos
las coronas de malva
el organdí
la blonda
el ramillete
la orquídea sin perfume.
Ni rosas de crochet
ni falsa primavera.
No.
Yo solo buscaré
la flor
desnuda.

La guardiana

A mi hija Camila

Nunca encontrarás sosiego en este mundo,
nunca encontrarás justicia entre los hombres,
solo el saber del bosque, de la tierra,
y aquella perfección llamada savia
te ha de salvar.
No dejes que aprisionen
tu destino
de fruto que madura junto al sol.

Las hojas de tus pies
perennes y lustrosas
se acercan sin saberlo hacia el sendero.
Cante tu ser salvaje:
liquidámbar, liquidámbar, yo te conjuro.
Soy ésta, ¿no me ves?, ¿no me conoces?,
soy polen que arrojado al firmamento
puede volverse
estrella.

Eres el *Aster acris*, la *Centaurea*,
aquella que escapaba hasta los patios
a construir metáforas florales
para aguardar al íbice violeta.
Políglota,
no te importaba hablarle a los helechos,
inventar un lenguaje cifrado
de estambres, nomeolvides y corolas.

Rizoma, lentitud, floración espontánea.
Y no querer más voces que el silencio
que adentro de la tierra se desgaja.

Con el mentón mirando hacia las nubes,
llegue la flor,
llegue la hembra clara
a su dominio.
Espejos de los ríos
aguardan tus facciones de esperanza.

Creciste cual palmera de En-Gadi,
brotaste como rosa de Jericó,
arabis del desierto
donde cada día es verano
y cada noche es invierno.

Debes ser el hervor
profundo
del planeta,
y la depuración de sus sonidos,
el tallo que recibe la humedad.
Sinceramente ser
un punto del camino
donde diversas formas
de la vida
se extiendan y se afinen.
Y en tu fragilidad de receptora,
de tutor, de Atenea:
empaparte de tiempo,
de días,

de estaciones,
superponer las horas de la luz,
dormir y renacer
sin miedo
debajo del latir de la existencia.

Cochayuyo

Durvillaea antárctica

Yo sé que he sido libre, por más que se empecinen las mareas del mar en conducirme hacia los hombres. Soy hija de un albor profundo, vestida algunas veces de reflejo, de pardo ofrecimiento, de vedeja. Crecí en la resistencia del que sabe, sin ver, lo que amanece en su interior.

Yo sé que he sido pez.

Glasir

Glasir, árbol brillante, el más sublime,
si te pudieran ver con estos ojos
los dioses y los hombres temblarían
de amor
como yo tiemblo.

Plantado en las afueras de Asgard,
mirando hacia las puertas de Valhalla,
cuerpo de lava,
brazos de circón,
follaje de dorado eterno;
te llamo en el camino, desde lejos
y rompes la caliza que te aprieta,
caminas hacia mí,
cruzas el bosque
ardiente del ensueño,
me ciñes largamente,
me aprietas con tus ramas,
me desnudas.

Toda tu robustez desaparece,
jadea el animal que siempre guarda
lo vivo que renace,
imitas la tormenta,
imitas la crecida de los ríos.

Llévame
donde se abra entera mi corola,
donde nazca la pulpa lumínica que guardo

y sea todo
intención sin espinas,
beso y renacer,
savia incandescente.

Indian pipe
Monotropa uniflora

Tú,
flor oculta,
enigmática,
color de la verdad sobre la nieve,
rechazas los elogios de la lluvia,
la admiración,
las venias de los hombres.

Ignorada,
como quien dicta cartas a sí misma,
nos habla tu corola
largamente
del brillo esmerilado de una hormiga,
del trébol y la abeja,
de toda la constancia necesaria
para mirar el sol.

Floreces,
Emily Dickinson,
cuando la ambigüedad y la sutileza
pasean sus encantos.

Si pudiera tener tu pigmento de hada,
llegaría al perfume del verso,
a la secreta sed
para esperar contigo,
cada día,
la carta del rocío.

Hacia el jardín de las Hespérides

«Era clorofila y no sangre lo que corría
por las venas del verdadero Adán».
EDUARDO LIZALDE

Huyo del espejismo,
de la armazón que levantan mis iguales,
de su afán de fragor,
de la avidez que nunca se sacia.

Marcharé hacia el oeste,
hacia el huerto de Hera,
al encuentro de las mélides frutales.
Iré porque me llama desde siempre
el destello vespertino de sus manzanas,
la revoltosa duda de sus fuentes,
el espesor-penumbra.

Y aunque siga los ritmos del mundo,
y aunque parezca
que el cuerpo no levanta rebelión,
y aunque debajo
de aquel artesanado de los hombres
me agite como si viviera:
en cada recoveco
yo calzo las sandalias que conducen
a la arboleda de los dones,
a las Ninfas del Atardecer.

Mi libertad orillo
porque dentro madura
la clorofila,
un templo,
la pulsión de crear
almácigos de paz.

Agapanto

Agapanthus africanus

Crecimos contemplando las estrellas
el margen de la luna nos hería
queríamos ser parte de ese cielo
feroz
desconocido.
Buscamos escaleras.
Soñé con la milicia de las nubes.

Y ahora
ya soy
ya soy esa respuesta que florece
la pérgola del aire
deleite que sí sabe a dónde marcha.

Oración de la orquídea

Sé tú, ventana abierta, la que trae
un destello, un diorama,
una lámina nueva de dicha.

No quiero abecedario de promesa,
me basta la vocal de la esperanza,
que venga, que me diga
mi mañana eres tú.

Mis ojos se recrean en los charcos
lo mismo que en el cielo.
Qué fácil se sosiegan si hay paisaje.
Paisaje
es lo que falta,
estaciones que anuncian que llegan,
no este hoy
tan pequeño,
tan seco,
tan uno.
Qué reacia es, a veces, la luz.

Me crece la inconsciencia de la ortiga

Ya no puedo leer, la intrusa me ha quitado facultades, carcome mi intelecto, o pone impedimentos al deseo, y me crecen apéndices bastos, versiones más estoicas de mí misma. Ya no puedo saltar de una página a otra de un libro, mis dedos son peciolos que olvidaron la luz de las vocales, me mata, me consume la savia elemental del subsistir.

Sueño aprender, soñaba, sí, con escalar alturas del lenguaje y vino esta cizaña a desgajar la pulpa del recuerdo, y transformó en ramaje mi soltura. Me duele la simpleza de la vida que ahora se me anuncia, me espanta este vivir elemental, buscar el sol, el agua, el alimento, beber estos afanes. No quiero. No quiero la existencia sin hondura.

La que mulle la tierra

A mi abuela María

Dejadla que ella sea la que limpie
el terreno de maleza,
la que cure con humus las heridas,
la que vigile
aquella rotación de los cultivos,
la que consuele al valle
con suaves movimientos.

Ella sabe crecer sin tutor
(felicidad furtiva),
va tamizando el mundo con cedazos
que en nada se parecen al orgullo,
recoge lo invisible
en silencios de plásticas voces.

No emite juicios, habla a cada planta,
al cedrón, a la ruda, al bailahuén,
más bien escucha
al paico, a la melisa, al arrayán.

Dejadla que ella sea la que trace
los músculos de un soto,
la que suture
la sombra forestal de los tajos,
para alumbrar la sangre que nos riega.

Amapola

> «Mas nadie podrá quitarme el turbión
> de frescura, la ráfaga».
>
> Francisco Umbral

Despertad al que duerme en las flores / al ángel del jardín / a la leona que vive en mi interior. / Sacad ese rugido del pistilo que quiere madurar. / Me alumbra la pasión de la amapola / me agita / me enceguece. / Quiero decir / fuerza / no pavor / estrépito / no mansa compostura. / Y la boca entreabierta y su acento / de ráfaga / frescura / de turbión.

Glicina-gaviota

Nunca quise volar,
y ahora,
en esta floración ambigua,
cuando me crecen alas en los pétalos
aparece una ruta,
aquella sugerencia del espacio.
Y llegará ese tiempo en el que todo se vuelva
expectación,
y mudaré el impulso y el soporte,
la forma de mirar al firmamento.
Y dejaré de ser espectadora de tramas moribundas,
ancladas en raíces sin razón.

Seré la que desvista en cada vuelo
los nudos y entrenudos del paisaje.

Botánico

No es mío este vergel
pero conmueve
la punta de mis dedos
igual que si yo fuese
la que cavó la tierra
la que agitó el secreto de su entraña.

Su forma confinada por los hombres
su estampa que no arresta
los ojos sucesivos que lo cruzan
es bálsamo volcado en la aridez.

Este jardín
es mi alma
aquí se ha detenido
en esta colección de girasoles
que crecen más allá de mi dolor.

Exedra

A mi amiga Margarita Osborn

Ahora que la oscuridad nos sobrecoge,
proyecto sueños lúcidos,
doy la mano
a lo mejor de mí que quiere perpetuarse,
y lego
esa escasa virtud
llamada arborescencia.

Ahora os convoco, hermanos,
a este lugar de encuentro, a esta exedra,
para crear los parques venideros.
A vosotros os llamo:
Plinio,
Maria Sibylla Merian,
Linneo,
Georgia O'Keeffe,
Annie Dillard,
para esbozar hectáreas imposibles,
perennes plantaciones de utopía.

Que no queremos paz que no la ampare
la sombra del ciprés,
la fontana de Diana y Acteón,
las grutas
y los densos laberintos.

Dónenme las deidades equilibrio,
una cama de musgo
para mi corazón cansado de luchar,
y dentro de este huerto de razón
irrumpa la inventiva.

Hermanas,
dejemos un emblema de verdor,
y que sigan las fuentes manando
agua y sorpresa.

Amemos lo escondido,
sépalo a sépalo,
con dedos que acaricien la armonía.
Permanezcamos en lo minúsculo-infinito,
y sea tan sutil,
tan verdadero,
nuestro jardín
interior.

EL DELEITE

(XXXII Premio de Poesía "Joaquín Lobato", Ayuntamiento de Vélez-Málaga, 2019)

Viaje por la savia

Imagina que llueve, y que estás bajo el cielo,
en medio de la córnea
blanca
del deleite,
que Cómpeta nos mira,
que te beso,
que juega con tu boca de uva
alguna gota,
que voy por el camino de tus sueños,
que se mezclan la lluvia, el sudor, la saliva,
y que un río interior desde ti se proyecta.
Y que te llamas vino,
rocío (esa razón
que vive en la corola),
que te dibuja el paso de una nube.
Y envuelves de ambrosía mi paisaje.

Círculo

Ay, oleaje de amor,
ay, pasión desbocada,
toda emoción es poca en tu corriente,
salud y enfermedad que no se cura,
agreste esclavitud,
dolor-delicia
palpitan en la sien cuando se ama.
Tan parecido al culto,
          a lo sagrado,
a la salutación de la belleza.
Ay, encuentro cantor
de mi búsqueda muda.

Casi un ruego

«Tu desnudo es el fruto que apetezco»
CLARA JANÉS

Cuerpo de manzana dulce,
perfecto para andar
partiéndolo de a poco en la memoria.
Feliz ensanchamiento de un peciolo.
Voy hacia ti con gula,
una vez, y otra vez, porque siempre
resguardas para mí
un hervor de fragancias dormidas,
un sabor a inocencia y misterio,
un temblor de animal moribundo
con la súplica a punto de nieve.

El oído

Acércate al reinado del oído,
desciende a su rosado pabellón,
planea como un ave
encima de su gruta.

Y entibia las palabras o humedece
la trabazón aérea de las frases
que dictan tus impulsos.

Y sé reiterativo si te place,
osado al escoger
la historia, los poemas que me avivan,
que toda mi jauría se despierta si escucha tu llamada.

Ah, ¿cómo prohibir
al tímpano que guarde
cada risa y ahogo,
cada voto y suspiro
que sale del arroyo de tu boca?

La vista

La imagen que me asalta en la mañana,
esa primera imagen:
certeza de que existe lo inefable
encarnado en un cuerpo desnudo.

Eres
presencia que se busca al presentir
la vida como búsqueda de asombros.

La luz será una colcha que te guarde,
mas nunca tu soporte,
porque pueden tus líneas
resistir los embates del tiempo,
las sombras, las fatigas,
cada indefinición que te destiña.

El tacto

Presionas, agasajas,
agitas y despiertas mis sentidos,
reorganizas mi piel en tus palmas.
Soy la miga de pan que retiene tu mano,
que dan forma tus dedos
(con un gesto aparente de calma)
y al ritmo sostenido del amor.

Que me busque tu tacto,
por favor, que me busque
debajo de las mesas de los bares,
en esa oscuridad que tú iluminas
al fondo del pudor,
que crezco en tus caricias,
que me amplío.
Textura de tu prosa quiero ser.

Visita

Cuando quedo agotada de amar,
cuando me aferro a ti
—metal incandescente—,
cuando soy un collar
de perlas
que ha perdido
su hilo por la cama,
cuando todo este fuego
se nos torna ceniza,
entonces me visita
la paz.

Enunciaciones

I

Qué dicha que podamos ser fulgor,
pasar inadvertidos
y estar compenetrados con lo leve.
El mundo se pasea sencillo,
cordial ante nosotros,
y no nos desaprueba si escribimos
pasión y poesía.
Recita, se descalza, se emociona,
se muestra más vital a nuestros ojos.

II

Encima de cualquier lugar,
            ahora,
la dicha puede alzarse,
abrir la portezuela,
burlar el claroscuro de la noche
y andar atestiguando su alegría.
Basta saber que vienes para siempre,
hombre sin jaula,
hombre sin pestillo.

III

La luz cala tu piel como la lluvia,
entra a tu ojo,
lo transforma en lago,

hace más fino el trazo de tu pelo,
resalta aquel rosado de tu oreja
y funde tu figura en su telón.

La luz te vuelve aurora diluida.

IV

Tu amor ya tiene peso de plomada.

V

Y bebo cada día con fruición
sintiendo que se extinguen si no ardo.
Y escojo poesías para un ángel,
para dejarlo atado a mi cabeza,
al rojo cabecero
de mi cama.

VI

Y no querré mañana, cuando vengas,
cortinas, cortapisas,
o ropa que demore en su caída.

Mi cuello

Mi cuello es como un arco que se tensa
al paso de tu voz,
se ondea como hiedra,
espera tu inefable cercanía.

Existe Modigliani cuando inclino
despacio
mi cabeza.

Es siesta que se otorga el tiempo,
el cáliz,
la columna,
el muro donde reza nuestro amor.

Defensa de la espera

I

Florezco sin abril
y no me nublo,
ovillo cada hora,
los días y estaciones
con hilo de ilusión,
golpeo con el índice el pulgar
(como contando sueños y señales).
Creo en su voz, confío,
yo sé que en la tormenta de la vida
resiste en pie el mástil más enhiesto,
el árbol que enaltece su raíz.
Tejo una trama firme,
proyecto mi fortuna y su canción.
Verás que el porvenir —con sus caricias—
borrará la afonía,
las dudas y las nubes
que arrastran los inviernos sin Ulises;
y que esa barca nívea que diviso
de lejos, en el mar,
traerá un cosquillear,
un pálpito secreto, la avenencia,
el sonajero alegre de su voz,
razones suficientes para ir
al puerto de la espera.

II

Amar sin la presencia del amado,
¿es otra cara —acaso— del amor?
Hablar con las ventanas, con los muros
que guardan su perfil y memorial,
buscar entre las sábanas, a oscuras,
el rostro de su beso,
mecer atardeceres,
y en el balcón hallar las amapolas
que crecen para el sol de su llegada.
Recreo e imagino la tibieza,
el brillo que tendrán, a su regreso,
acciones cotidianas del vivir,
y el roce de sus manos de madeja
desenredando sendas de pasiones
por todos los caminos de mi piel.

III

Me dice la esperanza, me susurra:
Entierra carestías, la cuaresma,
la voz dentro del pozo, los ahogos,
y reinventa el querer,
porque tu fortaleza es mítica y salvaje,
se parece a la tierra cuando espera la lluvia,
se parece a la cría, al labio que reclama su alimento.
No es símbolo de llanto, es nervio y decisión.
Toda la fuerza late en tu silencio,
toda la creación que no le importa
ser nieve, ser invierno
si el sol ha de cantar sobre los frutos.

IV

Miradme, amigas mías,
hermanas que creéis en lo inmediato,
soy aquella leona
que vence día a día su temor,
que vive la pasión como ella elige
y sigue lo que dictan sus latidos.

Sin miedo he de esperarte, amor de luz,
aunque un mundo de dudas me siga.

Aurora, no deshagas esta noche,
la cama donde aún divaga la vigilia.
No corre prisa, déjame su luz,
el alba de su cuerpo adormecido,
su olor, su estela tibia, este desorden,
permíteme escribir con la mirada.

No ves cómo se ha arqueado mi cintura,
como soy casi edén,
casi sol,
casi abismo,
campana que celebra el existir,
botón que zigzaguea en el ojal.

Aurora, no trajines por mi casa,
aguardada un poco, mira cómo ríe.

Teorema

Centesimal
finito
tan de restas
es mi vocabulario   tan vacío.
No puedo hablar de ti
de tu compleja tabla de variantes.
Y eso que era yo
la que decía:
el día es una recta hacia la noche
y miden setecientas hectáreas mis anhelos.
Sí
yo fui la que cantaba los axiomas
secretos   de los días
la atenta pescadora
de ríos de papel.
Y hoy mis mediciones
no logran apresar la intimidad
no pueden dibujar con precisión
la curva de ese hueco
que dejan tus rodillas.

Yo que atajé pronombres doblando las esquinas
y abusé del licor de una vocal
            heme aquí
sin texto para el tímpano
y tu definición que rueda
que se pierde
              que cae
                      cuesta
                             abajo.

Eres teorema
blanco de preguntas
caleidoscopio ardiente
núbil
pasajero.
Se queda tu rumor sin expresión al filo de mi lengua.

No puedo adjetivarte
no puedo retratarte
en un poema.

Principio-final

Levantamos la casa
mirando esa montaña
de nieves encendidas.
Mirad cómo encarama su ilusión,
y al lado de los pájaros
                                        planea.
Son cuatro las ventanas anhelantes
que beben cada nube,
y dos los comensales
que juntos,
desde la mesa agreste de los días,
ardiendo en su deleite
        volarán.

BOSQUE Y SILENCIO

(Premio Águila de Poesía, Ayuntamiento Aguilar de Campoo, 2022)

Andadura

Mutismo de las plantas, de las rocas,
inaccesible canto de las aves,
por todas partes grutas de silencio,
abismo que no alcanzo a descifrar.

Lenguaje sin palabras.

Destino,
herencia,
sello que nos marca.

Vuelvo a la tierra siempre para oírme,
para acallar al mundo, su discurso,
sus comentarios nimios, las querellas
dialécticas y vanas.

Refugio mis oídos en el bosque,
sin mediación de nadie,
sin tutor.

Feliz ocupación
moverse en las estancias del vacío,
hallar en su sosiego
un verso diminuto que germina.

Zarza ardiente

Basta de convención,
de ruegos tibios,
de caminar quitando cada púa.
Si a ultranza quiero fuego
—el fuego del decir—
la palabra estallando de sus límites romos,
debo ser consecuente:
buscarla en el silencio,
en el sudor-bautismo,
hallar la voz rotunda,
el grito que he perdido
en medio de un constante transigir.
La polución ha entrado a nuestra lengua,
tan complaciente,
tan seca es nuestra forma de mirar.
Iré como Artemisa
bosque adentro,
con pasos revulsivos.
Un incendio
ha de sitiar mañana el territorio,
destruir los mecánicos gestos,
los diálogos sin juicio, sin debate.
Llama insobornable,
llama interna
que no se venderá.

Fotosíntesis

«Faltan, en mi opinión, muchos poemas
sobre la fotosíntesis»

YAYO HERRERO

Mientras parece mudo
lo que sucede aquí,
mientras respiro
y baila en mi cuaderno
el lápiz, su vaivén,
acontecen milagros
sutiles y diversos.
Transformaciones.
Cápsulas de química.
El verde silencio vegetal.
Bajo una inoperancia relativa,
tiempo y luz,
muerte bautizada.

Empeño de la vida por nombrarse.

Celebro ser espora

El paisaje me otorga
la estatura precisa,
no agiganta mi ser,
no recuerda mi nombre,
pero me acoge cálido,
tal vez como a una hija.
No repara en mi afán,
esponja
que va absorbiendo frisos, curvas, grietas,
su arquitectura oculta o evidente.

En su rico despliegue
yo solo aporto impulso y decisión:
toda propuesta suya es bienvenida.

Mi signo es ser moldura de animal
(carnal y receptivo),
ser polen
de todo ese conjunto
tan perfecto.

Como esclava liberta

He de saber que el mundo
mañana
me juzgará con celo
porque expuse
esta querencia nueva (y tan antigua),
este deseo intenso de buscar
—en la hondura del bosque—
soledad y silencio.
Le cerraré la puerta cuando toque
pidiendo aclaraciones.
Vendrá para ganarme con sortijas,
para falsear con méritos mi sed.

No pagaré su diezmo.

Nací de otra vertiente,
inútil desviar este camino
que claro me conduce hacia la ausencia.

Tesoros colectivos

No existe para mí esto que veo,
existe para el tiempo,
yo lo guardo
con pasos tan ligeros que no estorban
su espléndida solvencia.
Un fuego de profunda voluntad
creó sin avaricia este paisaje.
Y en la gruta feliz de mis ojos
acojo este momento,
acuno su bondad,
beso el color vibrante de la vida
y luego el aleteo de esta imagen
se irá por otra senda, a otra mirada.
Del grillo y de la hormiga,
del retoño,
a ellos pertenece todo esto,
cada talud,
cada labio de falla,
cada fulgor que aquí
se deposita.

Rama reverenciando a una roca

La zarza
reclina su altivez
y reza a la grandeza contenida
en cada mineral.
Ya sabe que la piedra ha refrenado
desde remoto tiempo
la vasta dispersión
del mundo.

Clepsidra

Siento presencias,
sonidos tan ligeros que me siguen,
vienen y van,
mi juicio los apaga.
Mas bajo el ulular del viento,
siguen vivos.

Son melodías tenues, pasos, ritmos,
cerca de mí, sin voz,
sólo vapor de ideas,
perfiles de emoción que sobrecogen.

Vocación

«Yo solo sé que es un placer que duele,
que es un dolor que atormentado halaga,
llama que de la vida se alimenta,
mas sin la cual la vida se apagara»
ROSALÍA DE CASTRO

Si alguien me pregunta por mi oficio
o pide que describa lo que hago. ¿Qué diré?
Responderé segura soy poeta.

He sido, soy, seré poeta.
Y así como luciérnaga
que el fango del pesar alumbra,
un grillo que inaugura
la lumbre, la alegría del verano,
yo seguiré entonando
mis músicas secretas,
y cada exhalación, cada grafía
que vive en mi interior será textura,
un auténtico enjambre de aliento,
un quejido feliz.

Poeta precedida de otros vuelos
sobre la misma flor del mundo.

Pequeña es la palabra escrita,
de holgada magnitud.

Arrojo y discreción.
Elevación y hondura.
Poeta.

Rapto

«Se existe por instantes de luz. O de tiniebla.
Lo demás son las horas, los telones de fondo,
el gris para el contraste. Lo demás es la nada»

Rafael Guillén

Escribamos poesía,
pero que sea sol, verdad rotunda,
como un deslumbramiento que acorrala.
Verdad sin más, relieve de un instante
que casi se modela con las manos.
No exista la impostura,
la locución vacía,
las letras que dan cuerda a los aplausos.

Cada vez que se abraza el poema:
escuecen las ideas anotadas,
el mundo se aglutina en las costillas,
fermenta la emoción,
y pesa todo,   y vuelve
la intensidad del Hoy a dominarte.

Escribamos latidos, no versos,
—como siempre buscó Rafael—
con lucidez,
con fuego,
con renuncia.

Jugar al todo o nada sobre el texto.

Inquietud

Saber que tengo un límite.
Saber que este cantar de afluente generoso,
puede secarse un día
o revertir su canto hasta el mutismo.
Si ya no sé decir
el cielo,
el mundo,
si ya no sé nombrar con voz punzante
la luz, la maravilla, la sustancia,
la médula del hueso
feliz de la existencia
¿qué haré?, ¿cómo se vive entonces?

Seguiré contemplando
con el verso atrapado en los ojos
aunque luego a la luz del papel
nada quede sellado con tinta.

UN KILIM DE PALABRAS

(Madrid, El sastre de Apollinaire, 2022)

Petición

Lengua materna, dame tu calor,
protégeme en el trance de escribir.
Mi ser
se nutre del acento
y la emoción se funde en sus dominios.
Y si los ojos que juzgan y censuran
se acercan a mis versos,
sé tú mi corazón y mi coraza.

Plenitud

A Elena Martín Vivaldi

Cuando tu verso nombra:
caben y caben noches en una sola frase,
se engrasa aquel lenguaje que rechina,
se amplía como el mar
un instante conciso,
y llueven tus latidos en mi escucha.

Un árbol de amarillo incandescente,
un árbol me florece
si pronuncia tu voz

    una palabra viva

que presto ha modelado tu deseo.

Soy vuestra voz

Para Anna Ajmátova

De pronto desperté con la conciencia viva,
ya se habían disuelto
las pautas anteriores,
la cortina brumosa de niebla,
todo mi ser latía sobre el hoy.

Ya calciné la paz artificial
que el mundo y sus dictados me ofrecían,
ya reavivé las furias necesarias
para poder —con odio—
hablar de amor,
para poder —con brío—
rasgar este vestido de pesar.

De pronto vi la vida, y me enfilaba
a un pálpito irredento

forjado enteramente con palabras.

Anónima canción de la limpia

«Y acaso ya no suene la canción del olvido»
ÁNGELES MORA

A Elena

I

Ama el lenguaje del cuarto de limpieza,
el suave parpadeo de los contadores,
aquel tictac continuo de las luces
y la bata que espera
a ese cuerpo que muta
su blancura tediosa.

Ya están los elementos preparados
para barrer las huellas del rellano,
de largas graderías
sin confines.

Levanta los felpudos
uno a uno
y baja la escalera.
Aséptica la traza del ayer.

«No hay voces a esta hora,
ninguna interacción con quienes viven,
solo puertas dormidas,
solo lentos silencios,
solo el torpe compás del cubo y la fregona».

El edificio escolta
vida y trama.
«Soy la mujer que borra
cada sombra».

Afuera de este límite
          la esperarán
los coches que aceleran,
las manos que aceleran,
los gestos que aceleran su lenguaje
de signos por la calle.

Pero en su pasadizo
(en su dulce dominio)
distinto es el ritual:
es tiempo lentamente derramado,
es corte en un reinado de aspidistras,
es orden y rutina
proclive
a los ensueños.

Ama el lenguaje del cuarto de limpieza,
la forma en que recoge su cansancio
y todos los resquicios de utopía.

II

«Qué haría si a estas horas
me visitara un ángel,
justo cuando las ollas
(redondos universos)

me atrapan en vapores y me citan,
cuando estallan burbujas
o ennegrece el metal cercano al fuego».

Llorar tanta tristeza en la cebolla,
sentir esa amenaza
              cortante
del mañana.

«Qué le cuento a ese ángel,
yo, tiznada de apuros y de días».

III

«Te digo que la vida
no arde en los traslados sucesivos,
en este ir   y venir   con el cuerpo,
ajetreo continuo
hacia puntos opuestos del mapa
sobre trenes y buses.   No.
Está en lo que se mueve poco a poco,
              adentro de las vías
                  de mi mente».

IV

La mujer lleva un ave en el bolso,
canta quedo, con ella,
la canción del olvido.
La mujer tiene ojos-espejo
que han nacido en la pena escarchada

de los suelos que limpia.
Sabe andar junto al aire,
sobre blancos caminos de nubes.
Acompasa renuncia y tesón.
Se ha creado en la sombra.
Se ha fundado a sí misma.
Su reducto es de voces secretas.

Ariadnas

Allá en Valparaíso
tejen las pescadoras sus redes al ocaso
a través de los tiempos
aletean sus manos
entrelazando un hilo transparente
que les brota
del pecho.

Y pese a todo, canto

Caigo
lento,
con un ritmo medido
desde la copa al suelo que me acoge.
Mi espíritu de hoja
zigzaguea en el aire
buscando su sentido,
hace suya la misma
sustancia del caer.

No importa
la lentitud o el peso que la masa
del viento me confiere.

Yo vine para esto,
para regocijarme en el avance,
para encontrar mi voz de nervadura,
para llegar un día
al lecho de la tierra que transforma.

Tránsito al poema

«… transitando el ustorio que es tu cuerpo»

«Ella, la que su oído ama sobre todas las cosas
y guarda en su cintura
una sima de estrellas,
la que cubre su carne
del licor de rocío
que le mana la boca»
JUANA CASTRO

I

Poesía,
quiero tocarte,
que dejes de ser una abstracción,
la suma de supuestos que persigo.

Me urge que abandones tus paseos
desde el lóbulo gris —que te alumbra—
hasta la aorta azul —por la que fluyes—.

Llega hasta mis ojos,
a su verdad de luz y filamentos.

Porque el amor ya existe en mi cabeza,
y el beso y los encuentros con tu sombra.
Y tu timbre de voz,
tu exacta locución
son mi alimento.

Quiero sentirte ahora con los dedos,
atar los elementos con mis manos,
dar forma a esta tormenta del decir,
tocar tu redondez,
festejar tu figura fecunda.

III

En medio de mi infancia,
surgiste
chispeante,
diminuta,
de una ecuación más grande que mi acento,
glomérulo de voz,
suave,
sutil,
sin signos que atestigüen tu belleza,
como un clamor al fondo de la sala.

Fracción de un arrebato,
oscilación,

existes,

y esa verdad se agranda con las horas,
se agita como espiga de verano,
y tu existencia es sólida,
tendiendo a perpetuar en el espacio
aquella sed de ti.

VI

Es necesaria
una tercera aurícula,
un tímpano,
alguien a quién decir
no duermo...
sólo mi verso sueña,
miradle en esa cuna de papeles.

Cuánta atención exige lo que nace.

En secreto lo alumbro
con dolor y placer,
conduzco a mi exterior
un hato de preguntas,
de mieles y quejidos
que llamo poesía.

Y crío con apego,
y controlo con ansia
sus constantes sonoras,
todo aquello que sepa decir.

XI

En medio de las sombras apareces,
justo en el corazón de cada hora,
avanzas sin presura,
me regalas
tu imagen parecida a una visión,

orientas mi mirada hacia un instante
tal vez irrepetible.
Te vas como la bruma.
Y luego todo vibra,
todo queda
atado a ese momento-tempestad.

Volverás.

Seguiré imaginando
cada día que acudes,
que mudas el paisaje,
mi recia realidad.

Te buscaré insistente,
mis manos danzarán como candiles.

Vendrás hasta mi espera,
a este secreto baile de emoción.

Mi candor es ofrenda,
el único conjuro para abrir
esta brecha de luz   en tanta opacidad,
o un resplandor más hondo y expansivo.

Tú,
aquello que los libros y las monjas
llamaron *mirabilia.*
Atráeme, milagro,
voy corriendo
hacia ti.

Has cambiado mi voz,
este seco mirar.
Por eso me resisto
a ser tan solo un hilo regular
que ata el universo sin asombro.
Yo quiero aquel susurro de tus pasos,
los brillos de tu seda en mi vivir,
las palabras que amplíen   por siempre
la faz de la belleza.

Hoy sé que tu recuerdo echa raíces.
No dejo de buscar
aquello que yo llamo poesía.

ISLARIO

(Madrid, Amargord, 2022)

A mi padre, Quijote viajero de la imaginación

Esta isla dispersa
pero nunca aislada,
este cuerpo
que anhela recorrer la tierra entera,
se busca sin respiro en el paisaje,
refleja algo de sí, casi recoge
semillas y latidos de otros tiempos.

Y aunque transite el mundo palmo a palmo,
es la región indómita,
el viejo paraíso lo que ansía.

Certeza

Siempre sueño
que soy de otro paraje, que mi nombre
fue inscrito en el registro de ese pueblo
perdido en los alcores;
que el canto de otras fuentes,
de otras aves
sugiere cada ruta.

Soy el recorte vivo de un recuerdo que nunca sucedió.

Pertenezco a esa tierra que atrae
solamente a las voces perdidas.

Brújula

Debo dejar saludos con los pasos,
practicar el abrazo sutil de las pestañas
al recoger la luz y la visión
de nuevas extensiones.

Debo sentir la tierra como un todo,
mirar a las ciudades desde el faro
sensible del asombro.

O ser un archipiélago de alientos,
de versos,
de preguntas.
Y abandonar el puerto confortable
que nunca ha divisado el devenir.

Mi corazón que late
es una isla,
único territorio,
arrecife de planos,
el punto de partida
para el viaje.

Afirmación

A mí solo me bastan los senderos que van hacia las olas,
esa pisada firme, aquella hondura,
los símbolos de un viaje hacia mí misma.

Cómo cruje la barca que soy,
esta madera vieja, cómo pide.
Gasta tu presupuesto, mar, en mi reforma.

Desbordada de ti, hambrienta,
cegada por tu luz
espero tu visita,
la hostia inmaculada de la espuma.

No soy de la llanura de los hombres,
de su lenguaje duro,
de su inarticulado corazón.

Sé mi mecenas, casi un dios terreno,
el ángel que faltaba en la marisma.

Y salva a las que buscan tu latido,
a todas las que emigran, como yo,
al reino de las playas primigenias.

Carthago Nova

A Paco y a Eugenia

En mi cuerpo de torre hay un vigía
que te observa y te busca, Carthago.

Circular es el teatro,
o el circo que susurra bajo tierra,
que puja por salir a nuestros ojos.
Elíptica emoción.

Este pecio que soy lo mueve el tiempo.

Quiero verme en la faz de herrumbrosas monedas,
ser ánfora que cae como gota,
olivo solitario,
o aquella resonancia de gravilla.

Piedras sin nombre
amando a un dios de mármol de Carrara.

Mediterráneo,
recojo tus esencias,
tus cruces de destino,
tantos ecos.

Yo vine para oírte,
para maravillarme con lo ausente,
con tu puerto
de siglos y siglos.

Rapa Nui

Canciones en pascuense
tejieron un oleaje que ascendía
desde la curvatura de los pies
hasta el mentón que rema sobre el aire,
desde ese despertar de mi cintura
hasta la cavidad de la memoria.
Baladas desvaídas,
ombligo de ese mundo de los sueños,
lugar sin estación para la pena.
Te Pito O Te Henua,
reinaste en la distancia
ante la dictadura de un presente
que nunca tuvo peso.
Te llamas casi infancia, casi ayer.
Nunca oleré la sal de tus orillas,
pero tu *Opa Opa*
me seguirá curando cuando venga
la ola sin solaz de la nostalgia.

Vancouver Island

A Pamela, a Daniel y a Sofía

I

Arena,
vetas,
rocas viscerales,
amplio pizarrón donde escribir
mi pulso.
Sale al encuentro
el mar, con su saludo
y aquel olor a algas y crecida.

Un pinar nos custodia,
padre de brazos múltiples, le digo,
no dejes que decaiga.

Bajo una roca,
lluvia de raíces,
helechos desafiando la cordura
y el musgo,
tanto musgo.

Ya vivo tu belleza,
la verde consistencia para andar,
te estrecho con mis ojos, no te suelto.
No quiero más terreno que tu nombre.

II

La carretera:
camino de luciérnagas,
largas líneas de nieve conducen
tus manos que manejan los vaivenes,
las ondas de la noche.
Símbolos.
Un desfile de hojas
en el filo del ojo,
y el púrpura deseo
de ir
hacia adelante.

La isla se levanta
sobre leños y savia,
y el mar
(en ese aserradero de las olas)
erige,
pule,
talla cada paso,
construye el paraíso de la calma.

III

Un hocico,
solo un pequeño hocico
color marrón y negro entre el follaje
ha despertado nuestra expectación,
la risa, el cuchicheo, tanta magia.
Ah, cómo nos gusta

jugar con cada sombra de este bosque,
inquietas y peludas…
las sombras…
¡Eh!
¡Un oso!

IV

Libélula a libélula,
los troncos
allá se vuelven peces,
los insectos
parece que crepitan.
Sí, escalón a escalón
el río Sooke se pierde en su cristal.
¿A quién le escribe fábulas el agua?
Su prosa,
y el trazo de su letra están tan vivos
que casi puedo oír cómo palpita
su pecho emocionado en la corriente.

Cueva de las ventanas

Mi corazón de sílex
quiere guardar el mundo, ser tallado
por cada sensación que se evapora.

Mirad con qué delirio
el percutor del tiempo
cava, vacía, pule la memoria.

Que me moldee el agua del presente,
haga una cueva en mí,
ahueque todo dogma encallecido.

Y más de mil doscientos
        metros
            de longitud
    tiene mi ruego hondo
                        que se expande
en cada galería subterránea.

El agua del poema me ha inundado,
desciende poco a poco,
deja sus suaves líneas en mi piel,
su sello bicolor,
su estalactita,
y soy como una roca
        viva
    que se mueve,
teñida de un ahora tan intenso,
teñida con el óxido de ayer.

Razón del desembargo

I

Estoy aquí, Granada, ante tus cielos amplios,
ansiosa,
seca,
náufraga.

He llegado
con mi atril-ataúd,
con las ceras que no arden,
y este hato de ropas vacías,
hasta tu fortaleza de leones,
hasta el olor a almizcle y hierbabuena.

Voy por tus casas blancas
desnuda, para asir
la luz que nos regalas cada día.
Escondo en las ranuras de tus muros
mi plegaria, el dolor
que creció como fruto.

Y abres
tu máquina de hacer atardeceres
a este perfil deshecho en la avidez.

Ha sido necesario
bajar a tus baldosas,
librar esta batalla con la sombra,
para volver a mí
por tu camino.

II

Él me mostró Granada entre la bruma,
me dijo que la Alhambra
domesticaba al sol si es necesario,
él me buscó un refugio entre la piedra.

Y la luna de Lorca
de lejos tutelaba los enjambres.

Grité en el Sacromonte
con esa voz quebrada del gitano
y abrí, por fin, la jaula de mi risa.

Quédate en mí, Granada,
acaso te complazca que me vuelva
alpiste, agua, fuente de unos versos,
acaso
mi corazón de agujas te remiende.

Baeza

Es la combinación
de mil texturas
lo que invita a quedarse,
tratando de entender qué es la belleza,
dónde se refugia lo perfecto.

Guadalquivir sinuoso.
Incontables olivos:
esa forma mil veces coreada
que nunca nos abruma ni limita,
esa forma redonda,
aquella sencillez
hecha columna.

Voy rozando las puertas, los arcos,
y una antigua plegaria
me anega,
una vinculación ignota que sonríe
y expande desde adentro plenitudes.

¿Qué se agita si acojo
las obras del pasado esculpido en la piedra?
¿Qué lenguaje me cala?
¿Qué mujeres y hombres
desde lejos repican cual bronce?
¿Qué manos decididas
me guían a este ajuar de trascendencia?

Coordenadas del fin

Enterradme en Iznájar,
enterradme en su azul.

Dejadme descansar
en ese cementerio
que mira hacia el embalse que se estira,
en ese cementerio
que sonríe a una trama
infinita de olivos.

Me hallaréis
bajo simples cubiertas de tejas,
tan cerca
del pósito de libros, de macetas
celestes que navegan,
de espaldas a la iglesia y al castillo,
con mi aliento-ceniza
escribiendo
en el aire.

Boceto sin modelo

Valparaíso,
encima de esta grieta te recreo;
dibujo una ciudad idéntica a tus brazos,
un triste imaginario
de ritos sin deidad y crónicas borrosas.
Es nítida mi casa por las noches
(porque tu forma pierde los contornos),
es cálida en verano
(porque el calor del norte
sofoca los esbozos de mi marcha).

Como los cristaleros,
me alejo para ver si quedan huellas.

Regálame retratos de ti para encontrarme,
para saber que es nítido el ahora.

Yo quiero derrotar a la nostalgia,
a todos sus secuaces.

Es ciega esta plumilla que te busca,
olvida los olores, los matices,
la luz
que dibujaba tu perfil.

Baños árabes

A José Manuel Darro

Estrellas de ocho puntas se derraman
empapadas de luz
                    en mi frente.
Qué feliz entramado
de mosaico y ladrillo
elevando este espacio
                    y mi cuerpo.
Aquí vivía el agua
su oración
devota de la carne y del misterio.

Bajo las vidrieras de Chagall

Todas las voces que acalló la muerte,
y todas sus pisadas,
viven aquí,
colgando de este muro.
Tu pueblo,
su cantar,
tu pecho y su cercado de efusión
se mueven entre lágrimas de plomo.
Toco la humanidad con la pupila,
se entrelazan mis manos
y tus ojos,
me emociono,
te digo:
os dieron el exilio,
carestías,
el éxodo,
la guerra...
tú nos devuelves Sion iluminado.

Aquello que nos falta te pidiera:
corpúsculos de luz,
racimos de color en la desdicha,
nobleza de cristal en la mirada.

El Sur es tu Norte

Para Ángel

Y quiero ser tu puerto,
tu aldea,
tu morada,
sagrada sencillez,
paisaje que te vela en la distancia,
mirada que atestigua
sutiles movimientos del andar.

Y quiero ser de tierra —polvo amable—,
un nudo para tanta dispersión,
acaso un astrolabio de señales.

Isla que va creando su compás
con versos cristalinos
y salvajes.

CORTEZA

(Granada, Elenvés Editoras, 2022)

Voces

En mi cabeza suena
la voz de ese didacta,
que insiste en ordenar
el aire de los días.
Me grita, me endereza,
me acomoda en la silla,
su voz traspasa el muro del pasado.
Renace de un recuerdo
guardado en mis esquinas.
Se vuelven contra mí
sus lecciones de piedra.
Quiero romper su reino
de cruces y de culpa,
desatar lo que ayer fue sometido,
andar a tientas, sola,
pero libre.

PADRE,
he despertado
de ese sueño que quiso
resistirse a olvidar
tus canciones de cuna.
Han volado los santos de su bella repisa.
Rodó abajo la ilusa conclusión del ayer.
Todo se hizo materia.
Huyeron como Judas
tu credo y tus lecciones.

Ya puede andar descalzo
mi palpitar,
mi aliento.

Para vivir en tierra
no me vale tu cielo.

Corteza

Te acostumbré,
corteza,
cuerpo mío,
a ser enmudecido,
a la resignación,
al cerco
y, en la mesa,
dejar que te engulleran
los chacales.
Marcada como res,
carnada para otros,
giraba sobre ruedas ya montadas.
Fui durmiendo a mi savia, su soltura,
aletargando el paso
hacia mí misma.

Nenúfar en el fango

Quieres decir:
conquista,
propiedad,
tesoro,
y soy escarcha,
humo,
transparencia en el mundo,
terreno para sombras proyectadas.

En espacios ajenos,
en un cuerpo asignado,
de alquiler a la muerte,
vivo

sin mí y en mí.

Dictadura

Aunque en tu territorio pronunciase
mis primeras palabras,
tú
no me has parido.

Con un canto marcial nos arrullabas,
con rezos sin altura
y rondas en el patio de los miedos.

Me fugo del rencor que apacentaste,
del labio que no puede decir melancolía,
del muro levantado entre nosotros.

Hay básculas que pesan un tiempo que no vuelve.

Por eso es que rescato de mi fondo
la luz que sobrevive.
Y nada se parece ahora a la delicia
que es tamizar
el mundo.

La colmena dispersa

Mi familia es un bloque
de cajones pequeños
que no pueden tocarse.
Y vuelan sobre hilos paralelos,
mas nunca formarán una madeja.

Yo solo tengo brazos que los buscan,
ensayos de mezclar: recuerdos, amuletos,
inmediatez, asfalto, roce, puerto.
sumar el blanco polen que contienen.

Y muere mi visión con la distancia.
Y lloro porque son la lumbre rota.

En este ir y venir de negaciones,
de fallidos intentos por juntar sus latidos,
se me seca la savia, la sal
que —aquí en mi boca—
los nombra y apacienta.

No valgo para ser una alquimista.
Es así lo que viene.
Así, así, así,
y siempre diferente en mi cabeza.

Debo, por fin, librarme de las ceras
que dibujaban: árbol, casa, cielo
en un solo paisaje.

Antes que la belleza emigre

No pueden reflejar
las ventanas mis ojos
y, si grito,
mi voz
se disipa en los aires.
He perdido el retrato
que enmarcaba el latido,
solo llegan a mí
deslavadas visiones.

Interrogo al insecto,
a las aves que emigran.
En qué playa,
en qué tierra
oscurece despacio.

Imagen

Despojarme del peso de mi imagen,
vivir sin piel,
a nada estar sujeta,
vestirme o desvestirme de mí misma.

Ser aire.

Huesos desdibujados,
vaho sobre cristales,
sombra diluida,
ausencia.

Como invisible nido del aliento,
mirada suspendida en la penumbra.

Árbol levantado

Realizo un simulacro y me conquisto,
de cada miembro tomo posesión,
filtro mi savia,
un estribillo sísmico perfumo.
Hago volar caricias por mis hombros.

Deshielo aquel valor de las raíces,
renombro lentamente
la piel de esta estructura que se eleva.
Definitivamente me apodero
de toda mi corteza,
de todo el territorio de mi vida.

Reafirmación

Ya no me miro al modo de los hombres,
mis ojos ahora bailan sobre asuntos
tan altos como nimios.
Y el kit de mis sentidos es un compendio
de pura efervescencia.

Si el hábitat es rudo y me da caza,
yo escojo un adjetivo irreductible,
y presta
lo desarmo.

Soy ese continente que se busca,
que sabe deletrearse,
que se nutre
de palabras con rostro
y sentir.

No exprimiré la anécdota de ayer,
no voy a triturar mi biografía,
tan sólo quiero ampliar la voz de un grito,
pesar mi identidad, ser un conducto,
volcán donde resurge inacabable
el magma de la vida.
Acaso doctorarme en los tejados
junto a esa promoción de golondrinas.

Despertad,
despertad,
todo
vibra.

A las mujeres que fueron represaliadas

Hay tantos testimonios
encerrados en fosas del exilio.
Hazañas que emigraron a la sombra,
hechas músculo y hueso
sin volar de la boca.
Historias que gravitan en el fondo
umbilical de nuestra sangre.
Palabras sin abrigo
que componen el mudo
palpitar de la noche
y que esperan el alba.

A Emilia Pardo Bazán

No consienten los críticos
sentarme en sus sillones.

No cederá su asiento el literato.

No pretendo entreabrir
esos ojos lacrados.

No deseo llegar a ellos con diplomas,
con bulas o licencias.

No soy su inspiración,
exhalo pensamiento.

Mi canto al aire tiene forma propia
de cuerpo de mujer,
es libre y anterior
a toda hechura ajena.

Nueva Penélope

Para Ana Mañeru Méndez

En el tiempo esencial de la espera,
boceto los latidos,
imagino el temblor,
perfilo el aura.
Ensayo las palabras, la venia, la sonrisa
con la que aguardaré a la prometida,
que llegará mañana hasta mi hogar.

Aquella seré yo.

¿Qué silueta tendré bajo la luz?
¿Cómo se expandirá el amor
desde mi centro?

Buscaré nuevos retos acordes a mi fuerza.
Quizá mi porte sea el del bambú,
tan recio, tan sutil.

Quiero dormir cuidada por tu voz,
hermana del albor,
en este espacio fértil de la espera.

Celebración

Frente al altar cambiante de la edad,
rescato las palabras vigorosas
que guardé para mí.

Me digo:
la voz no se marchita,
la juventud persiste en la garganta
versando sus picantes saberes y delicias,
capaz de sujetar su floración.

Un sortilegio brota de mi gruta,
un aroma de cuerpo asentado,
y en este medio siglo que me ciñe
soy vaso de mujer,
mirada que equilibra
—así, serenamente—
lo adusto y lo carnal.

Hoy voy a hablar de límites,
del peso del pasado,
de conquistas.

Y yo te quiero, cuerpo,
vulnerable corteza,
te acojo en mi pupila, te sopeso.
En ti se estableció todo el reinado
del tiempo que irrumpía desde fuera,
del tiempo que horadaba desde dentro.

Caderas,
vientre,
pecho que decae,
puedo besaros, sí, puedo alabaros.

Mi mente y su gobierno reverencian
a la mujer madura que conformo.

Verbo que sobrevive

> «...yo soy la mente viva que no lográis describir
> en vuestra lengua muerta
> el nombre perdido, el verbo que sobrevive
> solo en infinitivo.. »
>
> *La extranjera*, Adrienne Rich

Soy, sueño, vivo, me levanto,
soy niña
que aprende a masticar la savia del lenguaje,
soy mujer
que pare con conciencia
criaturas que puedan
caminar por el mundo,
caerse, rebelarse, decidir.
Estamos conectadas como una red de aljibes,
un engranaje anclado en los afectos.

Y así seguimos juntas repartiendo
nuestra octavilla blanca de paloma
y nuestra libertad de enredadera
sobre este mudo asfalto.

PIEDRA QUE MENGUA

(Premio Ángel Martínez Baigorri, Lodosa, 2024)

A mis amigas del Laurel de la Azotea:
Alicia, Ana, Anita, Carmen, Charo, Elvira,
Isabel, Luciana y María Ángeles

1

En el comienzo
aquella voz magmática
fundía sobre lava
su profundo nombrar.
Colisiones que el ojo
no podía prender en su esférica luz,
bullicioso bullir
y coladas,
plutones
y belleza de escombros.
Canto y grito del amplio
paladar de su ardor.

De su germen nací
en angélico infierno.

¿Cómo pudo después
sujetarme otra fuerza,
pulirme un decadente
destino si —en mi centro—
su hálito de sol me alimentaba?

Que vuelva mi vacío a ser llenado
con su oleaje-basalto.

En el comienzo tú,
sordo estruendo,
amor
de fuego.

2

Me bautizaste Piedra,
y me envolviste entera de firmeza,
de claridades férreas y en el cobre
de mi veta extenuada pusiste
esa humedad de amor.

Cubriste mis arrugas
de musgo azulceleste y ya no supe
ser otra que esta roca conmovida
        —que entera—
te sostiene.

4

Tan sólo las perdidas han de buscar
intensa piel debajo de la carne,
un fuego inextinguible,
la voz agazapada en la materia.

Tan solo las dolientes y abatidas,
o las que pueden ver
—aún sobre pantanos— su retrato.

Tan solo las que emigran, las que vagan,
a las que no calienta el sol de los aplausos,
el premio de los tiempos,
aquellas que derraman su dialecto
(a modo de esperanza)
en verdades proscritas,
en círculos heridos,
y crean un reducto para ser
la piedra que su forma se sacude.

5

Anoche, cuando dormía
—recostada mi piel sobre el mundo—
mis pechos de paloma,
mi cabeza,
y mis brazos en cruz,
navegaban
ensueños.

Y en cama de cristal mi mente ardía:
brumosas procesiones de vapores,
volcanes y orogenia,
un vals de continentes
siguiendo ese compás de las edades.
Y centurias de años,
plancton, peces, reptiles
que luego levantaron sus afanes,
irguiendo y conquistando las planicies.

Y esa voz que rugía
desde cada minúscula espora,
que anunciaba tan alto
su pasión de crear y decirse,
su pulsión de nacer y morir,
y volver a mirarse
en espejos de piedra o de agua,
en espejos de bosque o de cielo.

Anoche cuando dormía,
mi latido se unió a su latido,
a la respiración
        de este milagro.

6

Si fue Kefás el nombre que me diste,
si hiciste tu bosquejo en mis entrañas,
no fue por mi virtud, por esta fuerza
de Sísifo que carga sus pesares,
fue por la libertad de tu deseo,
de aquel mercurio ardiente de tu voz.

9

En mí levantarás lo que tú quieras:
silencios o poemas.
O escribirás en veta de oro y plata.

Habitaré la casa del ascenso.

11

fui
magma
endurecido,
esfinge, león asirio,
gema etrusca, Stonehenge,
estela rúnica, columna romana,
obelisco, castillo, Machu Picchu,
muro de Buraq, Kaaba, zigurat,
sarcófago íbero, estela rúnica,
Valle de Piedras Encimadas,
dolmen de Antequera
Petra y Altamira,
crátera

Por los siglos seré
amor indestructible,
inamovible roca
enamorada y alta.

12

Cordilleras,
salientes emotivas,
locura de racimos para el vuelo.
Sois hálito ascendente,
o dedos de las diosas que, dormidas,
levantan sus pulgares y acarician
la pulpa de las nubes.
Exhausta buscaré vuestros pinares,
la quena de los vientos,
el silencio.

Afán sin dilación.

En vosotras me sé pequeña eternamente,
me nutro de nostalgia,
de vuestra maternal fosforescencia.
Soy esa bestia libre
que nunca ha de cazar la humanidad.

Sueño de piedra que soñamos,
piedras del mundo pastoreadas.

Abecé de mi canto,
que en cada roquedal se enreda.
Moldeadas del color de lo sencillo,
sois mesa de la casa,
sois cama,
sois tejado,
y aquel brazo fantasma que me lleva.

Mis sísmicas amantes,
no me dejéis
sin cuna de la infancia,
sin lápida que bese vuestro suelo.

No hay belleza más alta que los Andes.
No hay aridez más dulce que Atacama.
Y no hay dolor más hondo que Pisagua.

14

¿Y dónde te hallaré
si nunca es oquedad mi continente,
si el cedro que plantaste lo talaron,
si el río solo llora su negrura,
si ya se deshojó todo el paisaje
que a ti me conducía?
¿Qué haré con estos gozos y salmodias,
con este sonajero del poema?

16

Antes de que tu beso
cambiara mi sustancia y redimiera el núcleo del dolor,

fui de Babel.

En ese tiempo,
en que la esclavitud ponía en marcha
eternas volanderas de atenciones, faena y rendimiento,
pespuntes para el bajo de los días que nunca terminaban,
trabajos que no pueden enmarcarse en medio de la frente,
o ser siquiera orla, medalla, ramillete,

no fui tuya.

Antes de que tu aliento me llevara,
nosotras, las errantes
(*guardianas de las tumbas*),
avanzábamos grises por brillantes mañanas,
sin fuero, sin herencia,
sin lenguaje preciso
para decir pesar y extenuación,
vestidas de plomiza extranjería,
de aquella contractura del pasado.

Antes de ser Tu Piedra,
de ser la libertad ceñida del amor,

fui del mundo.

18

Ya ha muerto mi ilusión, y era tan pura.
Alumbrada en mi pecho, en ese altillo
del corazón. Qué blanco cervatillo
apuñaló el destino con premura.

Y vivo restañando mi rotura,
en ceremonia eterna, sin anillo,
como si fuera Éter, dios del brillo
que ha perdido la luz en la espesura.

Prestadme un sentimiento enverdecido,
un entusiasmo nuevo y ascendente,
un ansia alimentada por tizones.

Es triste este vivir tan carcomido,
es duro el arrastrarse en la corriente.
No es vida la que olvida sus razones.

22

Madre Piedra que estás en la tierra,
santificada sea tu estirpe.
Vuelva a nosotros tu reino.
Hágase tu voluntad,
así en el magma como en el cosmos.
El agua nuestra de cada día
dánosla hoy
para lavar el cuerpo,
para lavar el alma.
Y perdona nuestras ofensas,
nuestra extracción voraz de tu materia,
ese eterno saqueo.
No nos dejes caer en la codicia.
Y líbranos de nosotros,
Piedra Madre.

31

¿Y si yo me reflejo
no en el mármol suntuoso,
no en el serio alabastro,
ni en cristales o gemas?

¿Y si mi cuerpo anida
mejor sobre pizarras,
y sobre la arenisca
deshace su canción?

¿Y si fuera perfecta
la caricia del canto que la mar ha pulido?

¿Y si soy para ti
un sencillo guijarro
en un nuevo comienzo?

34

Y cómo ser calzada romana interminable
que siente las pisadas de tu impulso,
por donde va el ayer, lo primigenio.
Ser todo menos hombre.
Sacudir este sayo de vergüenza que arrastro,
tener aquel dominio de las rocas,
vivir dentro del muro de tu verso.
Y cómo ser siquiera la gruta de tu eco
que guarde en su bocel
aquel repiqueteo de las piedras
(y en su fricción subleven una llama).

Que mi poema ruede como alud,
y luego se despeñe hacia los ríos,
dibuje sobre el agua tu misterio,
lo quiebren las raíces,
florezca en el secreto de la savia.
Que mi canción minúscula transite
el ojo de una aguja,
para bordar por siempre
un manto enamorado de tu mundo.

39

Me has dado otro semblante
más fiero, más opaco, pero cierto.
Dormí sueños de piedra que no sueña.
Hoy vuelvo a ser basalto,
pizarra y arenisca,
hoy vuelvo a ser mapuche,
la hija de la tierra,
serena como templo bajo el sol.

Has mezclado mi voz con arcilla.
Has herido el instante.
Has hecho de la roca mi refugio.

(Citas y referencias en los poemas)

Poema 4: "La piedra que su forma se sacude", de Clara Janés.
Poema 5: "Anoche cuando dormía", de Antonio Machado.
Poema 11: "Por los siglos seré/ amor indestructible,/ inamovible roca enamorada y alta", de Mariluz Escribano Pueo.
Poema 12: "Sueño de piedra que soñamos,/ piedras del mundo pastoreadas", de Gabriela Mistral.
Poema 16: "Guardiana de las tumbas", de Rosario Castellanos.
Poema 39: "Dormí sueños de piedra que no sueña", de Octavio Paz.

EXENTOS

Terceto de la luz negra

«Quizá todo lo terrible no sea, en lo más hondo de su fundamento,
más que lo desvalido que nos pide ayuda»
RAINER MARIA RILKE

I. Invitación de Lord Byron

Amarga es la pulsión que me visita.
Dice que ya no escriba, que me apague,
que todo ha de llevar hasta el olvido:
tu aliento y mi tesón.
Más yo arderé en la luz de mi decir,
seré este lucernario que en la tumba
ha de cantar sin brida, sin bozal.

Escribo desde siempre,
escribo en el acuoso humor de las pupilas,
vomito mi escritura,
tanteo,
sueño
oscuros pasadizos,
o lagos de ceniza,
mutismos y presencias fantasmales,
porque en la encrucijada de la noche
irrumpe la belleza,
porque en lo más oscuro de mis huesos
se mece, se pasea
inquieta
la verdad.
Espada del crear,

tormenta de ir vistiendo
de fuego las palabras,
de acometer al mundo,
de estremecer al lobo del silencio.

Venid y recorramos la tierra de Rousseau,
rescate nuestro canto la ribera
de un cielo agonizante.

Escribid, escribid, amigos míos,
pupilos de la bestia de un relato,
imaginad cadáveres y sangre
que vive eternamente en la memoria,
inoculad de voz a este verano,
que tan sombrío viene hasta Diodati.

II. Promesas de Mary Shelley

Intensa ensoñación que me visita,
hondo clamor de bruma y agonía
habita entre las sombras de esta Villa.
Si a todo este paisaje yo le sumo
el nombre que presiento,
que empieza en un deseo
y me consume…
¿Cómo puedo cerrar las ventanas?
Dondequiera que miro le advierto.
Ay, sus dedos,
sus brazos exangües.
Ay, su cuerpo de inerte consuelo.

Si miro hacia mi ayer
no me conozco,
veo la complacencia que he vestido,
un conformismo gris,
un no querer espejo que me cace.

Iré hacia los glaciales impolutos
para verter el magma de mi voz.
Rescataré preguntas
que punzaban
mi piel de adormidera.
Soltaré cada nudo del miedo
aunque un monstruo
me siga.

Y si en adormecerme
los hombres se entretienen,
en aplastar mi firme voluntad:
yo iré manchando páginas de tinta,
de fuerza y rebeldía,
de fulgor.

Viviré,
vivirás
en el mismo dintel de la muerte.

III. Advertencias de la criatura

No solo la inventiva,
no solo el devenir, la confluencia
de astros y presagios,
no solo la amalgama del verano
boreal con el invierno;
ha sido la pasión,
eléctricos encuentros,
las alcobas
hambrientas que pedían alumbrar.

Lo vivo siempre nace del placer,
de impulsos que envenenan, que desarman.

Soy de ella, de él,
de vosotros,
de esa turbia moheda
de culpas.
Nadie me lloraría si muriese,
y aunque mi soledad es absoluta,
ya se yergue la vida
en mí (o una parodia),
tu ardor,
la sima del instinto,
el juego de la carne,
su insolencia
feroz la ha levantado.

Qué angustia y qué deleite me atenaza.
Por eso tengo alma y sobrevivo,
por eso es que mi sombra ha de seguir
mordiendo,
masticando en tu ventana
cada grito de hiel y lascivia.

(*Diodati, la cuna del monstruo*, Editorial Adeshoras. Córdoba, 2016)

Antes del fin

«Cuanto menos tenía, más absoluta
era la necesidad de ser»
URSULA K. LE GUIN

Estercolero habitado.
Ruinas y destrucción.
Materiales heridos
dejándose morir en la intemperie.
Con mis ojos restauro
sus perfiles que insisten en citar la belleza,
esa dulce armonía
que tanto persiguió nuestro pasado.

Se amontonan y queman
espejos, cristaleras y ventanas
ajenos a su suerte, enajenados,
sin marco para el rostro de los vivos.

Hoy lloro por las cosas que se pudren sin salvación.
Por la copa que ayer fue de Baco,
por la rueda que amplió los senderos
y ahora es este carro de cenizas.

Pobreza de los cuerpos
que no pueden pagar su redención.
¿Y cómo han de salir de cacería el ojo y el instinto
si encuentran al chacal de la miseria
rondando en cada golpe de pestaña?

Solo para este iris que no olvida
luce vivaz de nuevo la chatarra,
vuelve a tener un alma,
refulgen los escombros
bajo el ácido gris de la lluvia.

¿Y si el fracaso fuera lugar de resistencia?
Exhaustos recitamos
a modo de consuelo.

Reducción
de todo lo creado por la vida,
de todo lo creado por los hombres.

Inevitable es llorar el fin
en esta edad terrible de la nada.

(*Distopía en femenino*, Granada, Elenvés Editoras, 2023)

ÍNDICE

Este libro se terminó de editar en Granada
en junio de 2025 por

www.aversopoesia.com
hola@aversopoesia.com